2.000x
Minuten-Training
SPANISCH
Grammatik

Herwig Krenn
Wilfried Zeuch

Compact Verlag

Vorwort

Der praktische Compact Aktiv-Test ermöglicht es Ihnen, Ihre Spanischkenntnisse schnell und auf einfache Weise zu vertiefen, aufzufrischen und zu überprüfen.

Die kurzweiligen Übungen in einem handlichen Format machen den Aktiv-Test zur idealen Trainingsmöglichkeit für zwischendurch – ob in Bus oder Bahn, im Wartezimmer, in der Mittagspause oder zu Hause.

Mit 2.000 Einzelübungen umfasst das Buch die wichtigsten Regeln und Sonderfälle der spanischen Grammatik.

Schreiben Sie Ihre Lösungen einfach ins Buch! Die richtigen Lösungen sind stets auf der jeweils gegenüberliegenden Seite angegeben.

Mit dem Compact Aktiv-Test und einem Bleistift haben Sie die Grundausrüstung, um Ihre Spanischkenntnisse in Minutenschnelle zu trainieren. Viel Spaß!

Inhalt

Substantive und Artikel	**Übungen 1-6**
Pronomina	**Übungen 7-25**
Adjektive, Adverbien	**Übungen 26-31**
Infinitivkonstruktionen, Verbalperiphrasen	**Übungen 32-38**
Gerundium, Verbalperiphrasen	**Übungen 39-42**
Partizip Perfekt, Verbalperiphrasen	**Übungen 43-48**
Ser, estar	**Übungen 49-51**
Imperativ	**Übungen 52-61**
Vergangenheitsformen	**Übungen 62-71**
Zukunftsformen	**Übungen 72-75**
Konditional	**Übungen 76-78**
Zusammengesetzte Formen	**Übungen 79-83**
Verneinung	**Übungen 84-87**
Passiv	**Übungen 88-93**
Präpositionen	**Übungen 94-106**
Konjunktionen	**Übungen 107-132**
Indirekte Rede	**Übungen 133-140**

1. ¡EL SUSTANTIVO! Erkennen Sie das Geschlecht der Substantive? Markieren Sie!

a. el perro	~~la perro~~	der Hund
b. el libro	~~la libro~~	das Buch
c. ~~el voz~~	la voz	die Stimme
d. ~~el paz~~	la paz	der Frieden
e. ~~el mano~~	la mano	die Hand
f. el diente	~~la diente~~	der Zahn
g. ~~el moto~~	la moto	das Motorrad
h. ~~el casa~~	la casa	das Haus
i. ~~el foto~~	la foto	das Foto
j. el lugar	~~la lugar~~	der Ort
k. el mundo	~~la mundo~~	die Welt
l. ~~el radio~~	la radio	das Radio
m. el puente	~~la puente~~	die Brücke
n. ~~el dinamo~~	la dinamo	der Dynamo
o. el tren	~~la tren~~	der Zug

2. ¡EL SUSTANTIVO! Erkennen Sie das Geschlecht der Substantive? Markieren Sie!

a.	das Geld	**el**/la dinero
b.	das Fass	**el**/la barril
c.	das Herz	**el**/la corazón
d.	das Salz	el/**la** sal
e.	das Zeichen	el/**la** señal
f.	das Holz	el/**la** madera
g.	das Honorar	**los**/las honorarios
h.	das Hormon	el/**la** hormona
i.	das Horoskop	**el**/la horóscopo
j.	das Hospital	**el**/la hospital
k.	das Ende	**el**/la fin
l.	das Fest	**el**/la festín
m.	das Brot	**el**/la pan
n.	das Gepäck	**el**/la equipaje
o.	das Auge	**el**/la ojo

Lösung 3: a. der Pfarrer, die Kur b. der Feigling, die Henne c. der Polizist, die Polizei d. der Zollbeamte, der Blick e. der Fisch, das Pech f. der Bericht, der Teil g. der Chef, der Kopf h. das Kapital, die Hauptstadt i. die Front, die Stirn j. der Leitartikel, der Verlag k. die Ordnung, der Befehl l. der Rand, das Ufer m. das Koma, das Komma n. die Cholera, der Zorn o. der Schmeichler, der Ball

3. ¡EL SUSTANTIVO! Übersetzen Sie die spanischen Substantive!

a. el cura	Pfarrer	la cura	Kur
b. el galina	Feigling	la galina	Huhn
c. el policía	Polizist	la policía	Polizei
d. el vista	Zollbeamter	la vista	Sicht, Blick
e. el pez	Fisch	la pez	Pech
f. el parte	Bericht	la parte	Teil
g. el cabeza	Chef	la cabeza	Kopf
h. el capital	Kapital	la capital	Hauptstadt
i. el frente	Front	la frente	Stirn
j. el editorial	Leitartikel	la editorial	Verlag
k. el orden	Reihenfolge	la orden	Befehl
l. el margen	Rand	la margen	Ufer
m. el coma	Koma	la coma	Komma
n. el cólera	Cholera	la cólera	Zorn
o. el pelota	Schmeichler	la pelota	Ball

© 2000 Compact Verlag München
Redaktion: Bea Herrmann, Karina Partsch
Redaktionsassistenz: Johanna Kappelmann
Produktionsleitung: Uwe Eckhard
Umschlaggestaltung: Inga Koch
ISBN 3-8174-7135-1
7271351

Besuchen Sie uns im Internet: www.compactverlag.de

5. ¿El o Lo? Markieren Sie den richtigen bestimmten Artikel!

a. **El**/lo trabajo de enfermera era agotador y poco rentable.

b. **El/lo** viejo enfada y **el/lo** nuevo agrada.

c. Tuvo que regresar al hogar familiar con **el/lo** orgullo entre las piernas.

d. Leía mucho, amaba **el/lo** estudio y desde muy joven quiso ser erscritora.

e. **El/lo** que se piensa cuerdo, se ejecuta borracho.

f. Aunque al final Mary logró estudiar gracias **al/a lo** apoyo de una tia.

g. Todo parece indicar que **el/lo** cuento de la papisa Juana es justamente eso.

h. O, por **el/lo** menos, no volvieron a separarse sentimentalmente.

i. **El/lo** Atlético de Madrid tiene treinta puntos.

j. Me he sentido muy cómodo en **el/lo** campo.

k. Don Nelson dijo que **el/lo** equipo había jugado un gran baloncesto.

l. **El/lo** bueno cansa y **el/lo** malo daña.

m. **El/lo** resultado lo dice todo.

n. Limpiar **le/lo** besugo, secarlo, sazonarlo por dentro y por fuera.

o. **El/lo** convenido debe ser cumplido.

12. FORMAS TÓNICAS Setzen Sie betonte Personalpronomina ein!

a. A (Juan) _ _ _ _ _ le gusta la comida portuguesa.

b. A (los niños) _ _ _ _ _ les gusta la comida española.

c. A (Ana) _ _ _ _ _ la veo en la clase.

d. (Raúl) _ _ _ _ _ es de Madrid.

e. (Sandra) _ _ _ _ _ es de Santiago de Compostela.

f. (Paco y yo) _ _ _ _ _ estudiamos francés.

g. (José y Ramón) _ _ _ _ _ no vienen solos.

h. Tampoco (María y Dolores) _ _ _ _ _ vienen solas.

i. (Miguel) _ _ _ _ _ no respondió a mi pregunta.

j. A (Federico y a ti) _ _ _ _ _ os veo en la discoteca.

k. A (los niños y a mí) _ _ _ _ _ nos gusta el desayuno.

l. (Cristina, Teresa y tú) _ _ _ _ _ lo habéis dicho antes.

m. ¡Pero a (Carmen) _ _ _ _ _ francamente no la puedo ver!

n. Yo, a _ _ _ _ _ me encanta la cerveza.

o. Si ves a Felipe y Ana, dile a (Felipe) _ _ _ _ _ que le espero en la oficina.

Lösung 13: a. Me la regalaron el día de mi cumpleaños. b. ¿Me has enviado ya el libro?
c. Me dejó ver su nueva casa. d. No les des la invitación a ellas. e. La conciencia nos hizo regresar.
f. Escuchándolo de nuevo, me di cuenta del error. g. Tengo que darte una mala noticia hoy.

a. pases lo que bien

b. las Pepe todas sabe

c. con él tomes la no

d. conmigo vértelas a vas

e. las poeta se de echa

f. de listo padre las da se tu

g. claras cantaré se las

26. LOS ADVERBIOS Umschreiben Sie die Adverbien auf *-mente*!

a. La doctora cuidaba a los enfermos _abnegadamente_.

b. Ana fuma _abundantemente_.

c. Resolvió la situación _acertadamente_.

d. El conferenciante expuso _brevemente_ su tema.

e. Conduce _cuidadosamente_, que hay mucho tráfico.

f. _Desgraciadamente_, no puedo ayudarte.

g. Le gustaba examinar _detalladamente_ las ciudades que visitaba.

h. Saltó la cerca _fácilmente_.

i. Habrá que luchar _furiosamente_ para ganar la final.

j. Ana dijo _públicamente_ que se casaba, pero non lo ha hecho.

k. Juan cantaba _alegremente_.

l. A pesar de ser famosa se comporta muy _espontáneamente_.

m. Estudia trabajando _incesantemente_ durante todo el día.

n. Entraron _bruscamente_ y sin pedir permiso.

o. _Decorosamente_ dijeron en aquel hotel que estaban casados.

Lösung 27: a. absolutamente b. mucho c. claramente d. efectivamente e. finalmente
f. últimamente g. finalmente h. generalmente i. generalmente j. indudablemente
k. exactamente l. obviamente m. seguramente n. solamente o. seguramente

33. ¡EL INFINITIVO! Setzen Sie satzverkürzende Infinitivkonstruktionen ein!

a. Franz hat aufgehört zu rauchen?

¿Francisco ha _ _ _ _ _ _ _ _ _ _ _ _ _ _?   **dejar de**

b. Ludwig ist nicht dafür, den Verein zu wechseln.

Luis no _ _ _ _ _ _ _ _ _ _ _ _ _ el club.   **estar por**

c. Sie machte Gymnastik, um abzunehmen.

Hacía gimnasia _ _ _ _ _ _ _ _ _ _ _ _ _ _ _ .   **para**

d. Rudolf bleibt dabei, den Wagen am nächsten Tag zu kaufen.

Rodolfo _ _ _ _ _ _ _ _ _ _ el coche al día siguiente.   **quedar en**

e. Bevor wir fahren, müssen wir das Auto reparieren.

_ _ _ _ _ _ _ _ _ _ tenemos que arreglar el coche.   **antes de**

f. Nach dem Essen halten wir ein Schläfchen.

_ _ _ _ _ _ _ _ _ _ nos echamos la siesta.   **despues de**

g. Friedrich ruht nicht, bis er erreicht hat, was er will.

Federico no descansa _ _ _ _ _ _ _ _ lo que quiere.   **hasta**

41. ¡PONER EN ORDEN! Richtige Reihenfolge der Wendungen mit Gerundium bilden!

a. que del prescindiendo hecho de

b. tenga suponiendo que

c. que considerando

d. tu amigo lo de a volviendo

e. lo bien pensando

f. Vd. está como tirando voy

g. andando va Vd.

48. ¡PONER EN ORDEN! Reihenfolge der Wendungen mit Partizip Perfekt bilden!

a. cuentas en resumidas

b. por ofendido darse

c. y hecho dicho

d. callado se él queda

e. por se da él pagado

f. vencido por darse

g. días diez seguidos

Lösung 49: a. eres b. está c. es d. soy e. está f. estar g. soy h. estoy i. era j. ser
k. estás, es l. eran m. están n. estaba o. ser

55. ¡EL IMPERATIVO! Bilden Sie den spanischen Imperativ der 2. und 3. Person Singular!

a. Sagen Sie es mir! ⟶

b. Sagen Sie es nicht! ⟶

c. Sag es ihm! ⟶

d. Sag es ihr! ⟶

e. Nehmen Sie es! ⟶

f. Nimm es dir! ⟶

g. Nimm es dir nicht! ⟶

h. Sing ein Lied! ⟶

i. Sing nicht! ⟶

j. Singen Sie nicht! ⟶

k. Gib es mir! ⟶

l. Gib es nicht! ⟶

m. Geben Sie es ihr! ⟶

n. Machen Sie sich keine Sorgen! ⟶

o. Sorg dich nicht! ⟶

62. ¡EL PASADO! Setzen Sie die richtige Vergangenheitsform ein!

a. Pero siempre Fernando me _ _ _ _ _ _ _ : "Es un sombrero." — responder

b. _ _ _ _ _ _ _ y soy muy atlética, me encanta el deporte. — ser

c. El deporte se me _ _ _ _ _ _ _ bien. — dar

d. Pero me _ _ _ _ _ _ _ correr, saltar, subirme a los árboles. — encantar

e. Sí. Siempre _ _ _ _ _ _ _ estas formas que tengo ahora. — tener

f. Mis padres _ _ _ _ _ _ viviendo en el mismo vecindario hasta hace poco. — seguir

g. Mi padre ya se _ _ _ _ _ _ _ y mi madre está a punto de hacerlo. — mudar

h. Me gusta ver a la gente con la que _ _ _ _ _ _ _ . — crecer

i. "¿Qué lecciones _ _ _ _ _ _ _ del barrio?" — extraer

j. (Yo) _ _ _ _ _ _ _ las cosas que no te enseñan en el colegio. — aprender

k. En la calle (yo) _ _ _ _ _ _ _ la pasión por la música. — descubrir

l. (Yo) _ _ _ _ _ _ _ la salsa y el merengue en casa. — escuchar

m. Me _ _ _ _ _ _ a parecer peligroso cuando me fui haciendo mayor. — empezar

n. "Pero a las 11 años ya _ _ _ _ _ _ usted un cuerpo voluptuoso." — tener

o. "Sí, (yo) _ _ _ _ _ _ un poco marimacho." — ser

Lösung 63: a. quedó b. cerró c. impidió d. vencía e. exclamó f. he estado
g. he cometido h. he pagado i. ganó j. fue k. inquietó l. buscaba m. había dormido
n. estaba, sabía, hacía   o. comenté, estaba

Lösung 68: a. abrió b. descubrió c. ha ido d. robaron e. ha podido f. vencieron
g. h. demolieron i. ha ganado j. desterraron
k. hemos encontrado l. he visto m. advirtió n. ha hecho o. levantamos

69. ¡EL PRETÉRITO INDEFINIDO! Setzen Sie das Verb in der richtigen Form ein!

a. Los camareros _ _ _ _ _ _ _ _ _ la comida.   **servierten**

b. El avión _ _ _ _ _ _ _ _ _ quince minutos más tarde.   **landete**

c. Elena y yo _ _ _ _ _ _ _ _ _ tiempo para tomar un café.   **hatten**

d. El avión _ _ _ _ _ _ _ _ _ con una hora de retraso.   **startete**

e. El último partido que _ _ _ _ _ _ _ fue ante San José.   **spielte**

f. La escapada se _ _ _ _ _ _ _ _ _ al principio.   **machte**

g. Miguel Induráin _ _ _ _ _ _ el hombre de las primeras etapas.   **war**

h. Induráin _ _ _ _ _ las vueltas urbanas en cabeza del pelotón.   **machte (dar)**

i. Nos _ _ _ _ _ _ _ a un ritmo rápido pero no tanto.   **machten (llevar)**

j. Luego (nosotros) _ _ _ _ _ _ _ _ _ al tren.   **stiegen**

k. El año pasado yo _ _ _ _ _ _ _ la Vuelta con libertad.   **machte**

l. En el año pasado (nosotros) _ _ _ _ de vacaciones en España.   **waren**

m. El taxista le _ _ _ _ _ _ _ a llevar las maletas.   **half**

n. Ellos _ _ _ _ _ _ todavía un rato en la sala de espera.   **warteten**

o. Torrontegui lo _ _ _ _ _ _ _ _ _ ya.   **entschied**

Lösung 76: a. ¿Cuánto dinero ganaría Federico? b. ¿De dónde serían Elena y Miguel c. ¿Donde estarían los padres a esas horas? d. Serían las dos y media. e. Raúl prometió que lo arreglaría rápidamente. f. Dijo que iría en seguida. g. Los libros los podría leer en casa.

77. ¡EL CONDICIONAL! Bilden Sie in den Konditional des Spanischen!

a. *Ich könnte jetzt eigentlich Fußball spielen.*

_____

b. *Der Vater sagte zu seinem Sohn: "Du müsstest mehr lernen."*

_____

c. *Wer mag es sein?*

_____

d. *Er dürfte damals vierzig Jahre alt gewesen sein.*

_____

e. *Wenn ich ihn sehen würde, würde ich es ihm sagen.*

_____

f. *Wer sollte das gewesen sein?*

_____

g. *Bei diesem Wetter sollte ich schwimmen gehen.*

_____

84. ¿LA NEGACIÓN? Markieren Sie die richtige Verneinung!

a, _____ Ich habe keine Hoffnung.

1, ◡ Tengo no esperanza.
2, ◡ No tengo no esperanza.
3, ◡ No tengo esperanza.

b, _____ Kein Mensch hat das gesagt.

1, ◡ No persona eso ha dicho.
2, ◡ Ninguna persona eso ha dicho.
3, ◡ Ninguna persona no eso ha dicho.

c, _____ Sie haben uns nicht geschrieben.

1, ◡ No nos han escrito.
2, ◡ Nos han no escrito.
3, ◡ Nos no han escrito.

d, _____ Raúl hat es mir nicht gesagt.

1, ◡ Raúl me lo no ha dicho.
2, ◡ Raúl me no lo ha dicho.
3, ◡ Raúl no me lo ha dicho.

e, _____ Ich habe es kaum geschafft.

1, ◡ Lo he conseguido apenas.
2, ◡ Apenas lo he conseguido.
3, ◡ Lo he apenas conseguido.

f, _____ Nie habe ich dir geglaubt.

1, ◡ Nunca te he creído.
2, ◡ Te he creído nunca.
3, ◡ Te nunca he creído.

Lösung 85: a. nada b. nunca c. ningún d. nunca, nadie e. nunca, nada, nadie
f. no, ningún g. nunca en mi vida h. no, en absoluto

91. LA VOZ PASIVA Wie lauten die Sätze in der passiven Form?

a. Se ha enviado la carta por correo aéreo.

   La carta _ _ _ _ _ _ _ _ _ _ _ por correo aéreo.

b. Se ha edificado aquel palacio-hotel hace un año.

   Aquel palacio-hotel _ _ _ _ _ _ _ _ _ hace un año.

c. Se había visto el accidente de aviación desde el pueblecito de Huesca.

   El accidente de aviación _ _ _ _ _ _ _ _ _ desde el pueblecito de Huesca.

d. Se destruyeron 100 hectáreas de pinos a causa de un terrible incendio.

   _ _ _ _ _ _ _ _ 100 hectáreas de pinos a causa de un terrible incendio.

e. Se han reemplazado los empleados del banco por gente joven.

   Los empleados del banco _ _ _ _ _ _ _ _ _ por gente joven.

f. Se ha firmado la paz en Caracas por los Ministros de Asuntos Exteriores.

   La paz _ _ _ _ _ _ _ en Caracas por los Ministros de Asuntos Exteriores.

g. Estos edificios se construyeron en el año 1940.

   Estos edificios _ _ _ _ _ _ _ _ _ _ _ en el año 1940.

98. ¡LAS PREPOSICIONES! Setzen Sie die richtigen Präpositionen ein!

a. Rentas disparen _ _ _ _ _ _ _ los planes _ _ _ _ _ _ _ pensiones.

b. La UE presenta importantes desajustes _ _ _ _ el apoyo _ _ _ _ las empresas.

c. Es una marcha lenta _ _ _ _ _ _ _ la competencia.

d. Abre interrogantes _ _ _ _ _ _ _ la liberalización.

e. ¿Bajará el precio _ _ _ _ _ _ _ el gas?

f. La UE introduce competencia _ _ _ _ _ _ _ Ruhr Gas.

g. Las ayudas han sido decisivas _ _ _ _ _ _ _ la instalación de la fábrica.

h. La nueva fábrica está _ _ _ _ _ _ _ 100 kilómetros _ _ _ _ _ _ _ Portugal.

i. Puigneró reduce su tamaño _ _ _ _ _ _ _ ser rentable.

j. La empresa reducirá empleos temporales _ _ _ _ _ _ _ la avalancha asiática.

k. La liberalización coexiste _ _ _ _ _ _ _ un proceso _ _ _ _ _ _ _ concentración.

l. Hay que tomar medidas _ _ _ _ _ _ _ proteger la propiedad intelectual.

m. Se amplia el concepto español _ _ _ _ _ _ _ familia numerosa.

n. Crean una página "web" _ _ _ _ _ _ _ inteligencia artificial.

o. Benidorm acogerá _ _ _ _ _ _ _ medio mundo _ _ _ _ _ _ _ pequeño.

Lösung 99: a. en b. de c. en d. en e. de f. al g. a h. a i. a j. en k. de, de
l. a m. a, en n. de o. de, en

105. OBJETO DIRECTO Markieren Sie die Sätze mit dem richtigen Akkusativobjekt!

a.   *Ich erwarte Christine.*

1. ○ Estoy esperando Cristina.
2. ○ Estoy esperando a Cristina.
3. ○ Estoy esperando en Cristina.

b.   *Sandra lobt Francisco.*

1. ○ Sandra elogia a Francisco.
2. ○ Sandra elogia Francisco.
3. ○ Sandra elogia de Francisco.

c.   *Ich liebe meinen Hund Rocky.*

1. ○ Quiero mi perro Rocky.
2. ○ Quiero en mi perro Rocky.
3. ○ Quiero a mi perro Rocky.

d.   *Federico lobt die Mutter.*

1. ○ Federico elogia a la madre.
2. ○ Federico elogia la madre.
3. ○ Faderico elogia en la madre.

e.   *Das Dienstmädchen serviert den Tee.*

1. ○ La criada sirve al té.
2. ○ La criada sirve el té.
3. ○ La criada sirve del té.

f.   *Die Kommissar sucht den Dieb.*

1. ○ El comisario busca del ladrón.
2. ○ El comisario busca el ladrón.
3. ○ El comisario busca al ladrón.

Lösung 112: a. 2 b. 3 c. 1 d. 1 e. 2 f. 3

113. LAS CONJUNCIONES Konjunktiv oder Indikativ? Setzen Sie Verben richtig ein!

a. Cuando (estar) _ _ _ _ _ _ _ enfermo, no me dedico al deporte.

b. El profesor de conducción explica la práctica a fin de que se la (comprender) _ _ _ _.

c. Ya que (hacer) _ _ _ _ _ _ _ sol, vamos ahora.

d. Cuando (estar) _ _ _ _ _ _ _ de mal humor, no hablo con nadie.

e. Ya que (tener) _ _ _ _ _ _ _ dinero, me compro ahora la moto.

f. Voy al vecino a que me (ayudar) _ _ _ _ _ _ _ _ .

g. Va al hospital a que (poder) _ _ _ _ _ _ _ _ recobrar la salud.

h. La gente no tiene dinero, porque el gobierno (ser) _ _ _ _ _ _ incapaz.

i. La gente está sin esperanza, porque la situación (ir) _ _ _ _ _ _ de mal en peor.

j. Te ayudo para que no (tener) _ _ _ _ _ _ _ problemas.

k. Visto que la situación (estar) _ _ _ _ _ _ _ así, tenemos que ahorrar.

l. Voy al médico por miedo de que (tener) _ _ _ _ _ _ _ _ una enfermedad.

m. Ya que me siento débil, (tener que) _ _ _ _ _ _ _ _ acostarme un poco.

n. Corrió tan rápido que yo no (poder) _ _ _ _ _ _ _ seguir.

o. Me deseo tanto dinero que (tener) _ _ _ _ _ _ _ _ suficiente.

120. ¿PARA QUE O PARA? Ergänzen Sie!

a. _____ (escribir) bien se necesita práctica.

b. Dejó las persianas bajadas _____ (no entrar) el calor.

c. Nos encerramos juntos _____ (preparar) el examen de alemán.

d. Hay que reformar el mercado laboral _____ (haber) trabajo para todos.

e. Te indicaré el camino _____ (no perderte).

f. Te dejo mi cuchillo _____ (tú, poder) pelar la manzana.

g. Se entrevistó con el jefe _____ (solicitar) un ascenso.

h. Todos tenemos que colaborar _____ (estar) más limpia.

i. Salió del trabajo _____ (comer) en una cafetería.

j. Hemos quedado a las seis _____ (ir) juntos a la conferencia.

k. _____ algo _____ (gustarme) tiene que ser muy bueno.

l. He puesto la radio _____ (tú, escuchar) las últimas noticias.

m. Te voy a presentar a una amiga mía _____ (tú, salir) con ella.

n. Lo llamaré _____ (él, venir) con nosotros.

o. Nos han avisado _____ (nosotros, no acudir) esta tarde a la cita.

Lösung 121: a. hay/haya b. pudo c. hubiera d. habría e. vendrá/viene f. estuviera
g. hubiera h. dieran i. viviera j. habría k. llueva l. haya m. hubiera n. digas o. quiera

Lösung 126: a. de tanto trabajo como tenía b. de tanto llorar c. de tanto correr
d. de tanto vino como bebieron e. de tantas cosas como nos regaló f. de tanto sudar
g. de tanto frío como hacía

127. ¿HASTA QUE O HASTA + INFINITIVO? Entscheiden Sie!

a. Tendrás que crecer mucho hasta _ _ _ _ _ _ (ser) como yo.

b. Faltan muchas cosas que hacer hasta _ _ _ _ _ _ (estar) acabada la casa.

c. No saldrás hasta _ _ _ _ _ _ (tú, acabar) el trabajo.

d. Hasta _ _ _ _ _ _ (tú, no venir), no me moveré de casa.

e. No descansa hasta _ _ _ _ _ _ (él, conseguir) lo que quiere.

f. Esperaré hasta _ _ _ _ _ _ (venir) Juan.

g. Me gustaría esperarte hasta _ _ _ _ _ _ (tú, volver).

h. Insistiré hasta _ _ _ _ _ _ (tú, decidirte).

i. No pararé hasta _ _ _ _ _ _ (ellos, dármelo).

j. Come hasta _ _ _ _ _ _ (él, hartarse).

k. Aquella noche bebimos hasta _ _ _ _ _ _ (emborracharse).

l. No se mueve de aquí hasta no _ _ _ _ _ _ (tener listo) el trabajo.

m. No me iré hasta _ _ _ _ _ _ (tú, atenderme).

n. Hasta _ _ _ _ _ _ (él, venir), no podremos estar tranquilos.

o. Hasta _ _ _ _ _ _ (yo, saber) lo que pasa, no tomaré una decisión.

134. EL ESTILO INDIRECTO Sätze mit der richtigen indirekten Rede markieren!

a. Raúl sagt, dass er es nicht wisse.
1. ⌣ Raúl dice que no lo sabe.
2. ⌣ Raúl dice que no lo sepa.
3. ⌣ Raúl dice que no lo sabía.

b. Ich erwiderte, dass er Recht habe.
1. ⌣ Contesté que tiene razón.
2. ⌣ Contesté que tenga razón.
3. ⌣ Contesté que tenía razón.

c. Elena sagte, sie fühle sich wohl.
1. ⌣ Elena dijo que se siente bien.
2. ⌣ Elena dijo que se sentía bien.
3. ⌣ Elena dijo que se sienta bien.

d. Er forderte, ich solle mehr lernen.
1. ⌣ Ha exigido que estudie más.
2. ⌣ Ha exigido que estudiaba más.
3. ⌣ Ha exigido que estudia más.

e. Er sagt, er komme um zwei an.
1. ⌣ Dice que iba a llegar a las dos.
2. ⌣ Dice que vaya a llegar a las dos.
3. ⌣ Dice que va a llegar a las dos.

f. Er klagt, er könne nicht arbeiten.
1. ⌣ Se queja que no pueda trabajar.
2. ⌣ Se queja que no puede trabajar.
3. ⌣ Se queja que no pudo trabajar.

Lösung 135: a. Martín dice que va a llegar a las siete. b. Elena contesta que está enferma. c. Eladio dijo que todavía no se había fijado una fecha exacta. d. Un portavoz dijo que el dique había resistido. e. El padre gritó que no hay quien lo resitiera. f. El médico confirma que el hombre está herido. g. La madre respondí que Ramón tenía razón.

28. LOS ADVERBIOS Setzen Sie die passende Adverbform ein!

a. Los niños, (lógico) _ _ _ _ _ _ _, prefirieron los dibujos animados.

b. El problema ha de abordarse con rapidez, tanto (local) _ _ _ _ _ _ _ como (nacional) _ _ _ _ _ _ _ e (internacional) _ _ _ _ _ _ _.

c. Si no se hubiera lanzado tan (loco) _ _ _ _ _ _ _, no le habría pasado nada.

d. El problema habrá que abordarlo (sociológico) _ _ _ _ _ _ _ y (psicológico) _ _ _ _ _ _ _.

e. Este hecho me influyó (psicológico) _ _ _ _ _ _ _ muchísimo.

f. Disfrute de las mejores jugadas del Mundial en su propia casa, sin entrada y además (cómodo) _ _ _ _ _ _ _.

g. Si has contestado (afirmativo) _ _ _ _ _ _ _ a estas preguntas, llama hoy mismo al 902101510.

h. Usted puede ampliar (fácil) _ _ _ _ _ _ _ el PC con dispositivos multimedia.

i. Os estoy (grande) _ _ _ _ _ _ _ agradecido.

j. Tiene tantos secretos la botánica, (particular) _ _ _ _ _ _ _ en estas regiones.

k. Promete que llegará (temprano) _ _ _ _ _ _ _.

l. (Amargado) _ _ _ _ _ _ confesó su error.

Lösung 29: a. fuertemente b. solas c. constantemente d. personalmente e. personal
f. fácilmente g. sola h. fácil, rápidamente i. fácil, tan j. rotundo k. rotundamente
l. perfectamente m. tendenciosamente n. fuerte o. fuerte

64. ¡EL PASADO! Markieren Sie den Satz in der richtigen Vergangenheitsform!

a. Mein Vater starb 1956.

1. ⌣ Mi padre murió en 1956.
2. ⌣ Mi padre ha muerto en 1956.
3. ⌣ Mi padre moría en 1956.

b. Ich bin heute um 8 Uhr aufgestanden.

1. ⌣ Hoy me levanté a las ocho.
2. ⌣ Hoy me levantaba a las ocho.
3. ⌣ Hoy me he levantado a las ocho.

c. Sie aß freitags immer Fisch.

1. ⌣ Siempre comían pescado los viernes.
2. ⌣ Siempre comía pescado los viernes.
3. ⌣ Siempre comió pescado los viernes.

d. Er war zu Hause, als ich ankam.

1. ⌣ Estaba en casa cuando yo llegaba.
2. ⌣ Estuvo en casa cuando yo llegaba.
3. ⌣ Estaba en casa cuando llegué.

e. Gestern nahm er sie bei der Hand.

1. ⌣ Ayer la tomó de la mano.
2. ⌣ Ayer la ha tomado de la mano.
3. ⌣ Ayer la tomaba de la mano.

f. Diese Woche habe ich viel gearbeitet.

1. ⌣ Esta semana trabajé mucho.
2. ⌣ Esta semana he trabajado mucho.
3. ⌣ Esta semana trabajaba mucho.

Lösung 65: a. En la autoescuela comenzamos con prácticas fáciles. b. Sin embargo, no era tan fácil. c. Y así empezamos en primer lugar a conducir en los arrabales. d. El profesor de conducción estaba muy paciente. e. Sentí que teníamos que concentrarnos mucho. f. El profesor de conducción terminó la práctica elogiandome. g. Mi primera práctica era un buen suceso.

100. ¿ANTE, ENTRE, PARA, POR O TRAS? Setzen Sie die richtige Präposition ein!

a. Un plan que usted busca _ _ _ _ _ _ _ disfrutar.

b. Es un plan que le asegura la mejor garantía _ _ _ _ _ la invalidez transitoria.

c. Los muchísimos hombres, _ _ _ _ _ _ _ suerte, nos apoyarán siempre.

d. Se escondió _ _ _ _ _ _ _ la maleza.

e. El escritor ha obtenido el premio _ _ _ _ _ _ _ el reportaje.

f. ¿Que hacer _ _ _ _ _ _ _ la miseria de los refugiados?

g. En la caida del cabello no lo des todo _ _ _ _ _ _ _ perdido.

h. _ _ _ _ _ _ _ años de investigación, el laboratorio ha descubierto un remedio.

i. No existe una solución definitiva _ _ _ _ _ _ _ la caida del cabello.

j. La eficacia demostrada está _ _ _ _ _ _ _ seis semanas de uso.

k. Tenemos que reducir los gastos _ _ _ _ _ _ _ la falta de dinero.

l. Spanair prepara un plan _ _ _ _ _ _ _ situarse _ _ _ _ _ _ _ los grandes.

m. La intención es multiplicar las rutas _ _ _ _ _ _ _ cuatro en cinco años.

n. Tendrás tu Felicia _ _ _ _ _ _ _ cada día.

o. El sistema dosifica automáticamente los necesarios _ _ _ _ _ _ _ una ampliación.

Lösung 101: a. por b. de c. sobre d. contra, a, de e. para f. a, con g. para h. por, para
i. sobre j. hacia k. para l. entre m. en n. entre o. en

136. EL ESTILO INDIRECTO Übersetzen Sie und bilden Sie die indirekte Rede!

a. *Die Partei hat gewonnen (sagte der Sprecher).*

_____.

b. *Du kannst viel Geld verdienen, wenn du Lust hast zu arbeiten (verspricht mir Vater).*

_____.

c. *Die Leute klagen immer (antwortet mein Bruder).*

_____.

d. *Der Retter ist ein Held (stand in der Zeitung).*

_____.

e. *Real Madrid hat wieder nicht gewonnen (berichtet El País).*

_____.

f. *Ich bin unschuldig (beteuert Rudolf).*

_____.

g. *Ihr müsst die Arbeit heute beenden! (verlangt der Chef).*

_____.

h. *Mein Bruder kommt (sagte Dolores).*

_____.

Lösung 137: a. Félix confesa que ha falsificado el cuadro. b. Carola notaba que había gato encerrado o.
c. Rodrigo sabe, que se le ha escapado algo. d. Tomás no duda que lo dice en serio.
e. Cristina dice que está ocupado. f. El hombre piensa que resulta fácil para una mujer.
g. Los abuelos siempre decían que los tiempos habían cambiado. h. Temo que no la entienda.

6. ¿UN, UNOS O UNA, UNAS? Markieren Sie das richtige Wort!

a. *Ich kaufte mir einige Bücher.*
1. ◯ Me compré unas libros.
2. ◯ Me compré un libro.
3. ✗ Me compré unos libros.

b. *Heinrich ließt eine Zeitung.*
1. ✗ Enrique lee un periódico.
2. ◯ Enrique lee una periódico.
3. ◯ Enrique lee unos periódico.

c. *Wilhelm hat eine Zeitschrift gekauft.*
1. ◯ Guillermo ha comprado unas revistas.
2. ✗ Guillermo ha comprado una revista.
3. ◯ Guillermo ha comprado un revista.

d. *Georg sucht ein Zimmer.*
1. ◯ Jorge busca un habitación.
2. ◯ Jorge busca uno habitación.
3. ✗ Jorge busca una habitación.

e. *Joachim ist ein fleißiger Schüler.*
1. ◯ Joaquín es una alumna aplicada.
2. ✗ Joaquín es un alumno aplicado.
3. ◯ Joaquín es uno alumno aplicado.

f. *Einige Häuser haben eine Garage.*
1. ✗ Unas casas tienen garaje.
2. ◯ Una casa tiene garaje.
3. ◯ Unos casas tienen garaje.

Lösung 7: a. éste b. ese c. esta d. ese e. aquella f. mismo g. éste, aquél
h. aquél i. mismo j. ése k. ésa l. esa m. ésta n. eso o. ese

7. PRONOMBRES O ADJETIVOS DEMOSTRATIVOS Setzen Sie ein!

a. Una mujer, si un hombre empieza a piropearla piensa: qué querrá _ _ _ _ _ .   **dieser**

b. _ _ _ _ _ _ maletón es mío.   **dieser da**

c. _ _ _ _ _ _ _ plaza es la Plaza Mayor.   **diese**

d. ¿Cómo se llama _ _ _ _ _ _ _ café donde estuvimos ayer?   **dieser da**

e. _ _ _ _ _ _ _ película se rodó en nuestra ciudad.   **jene**

f. El _ _ _ _ _ _ _ coche vi ayer en la calle.   **dasselbe**

g. ¿Cuál vino prefiere, _ _ _ _ _ _ o _ _ _ _ _ _ ?   **dieser-jener**

h. _ _ _ _ _ _ _ fue el día más feliz de su vida.   **jener**

i. Me compraré el _ _ _ _ _ _ _ coche en la próxima semana.   **dasselbe**

j. _ _ _ _ _ _ es el coche que me compraré en la próxima semana.   **dieser da**

k. _ _ _ _ _ _ _ es la mujer de mi amigo.   **diese da**

l. _ _ _ _ _ _ _ casa debe de costar sus veinte millones de pesetas.   **diese da**

m. Me gustan todas las sopas pero _ _ _ _ _ _ _ de modo especial.   **diese**

n. _ _ _ _ _ _ _ de levantarse tan temprano lo llevo muy mal.   **dieses da**

o. ¿Quién es _ _ _ _ _ _ _ chico? -No lo conozco.   **dieser da**

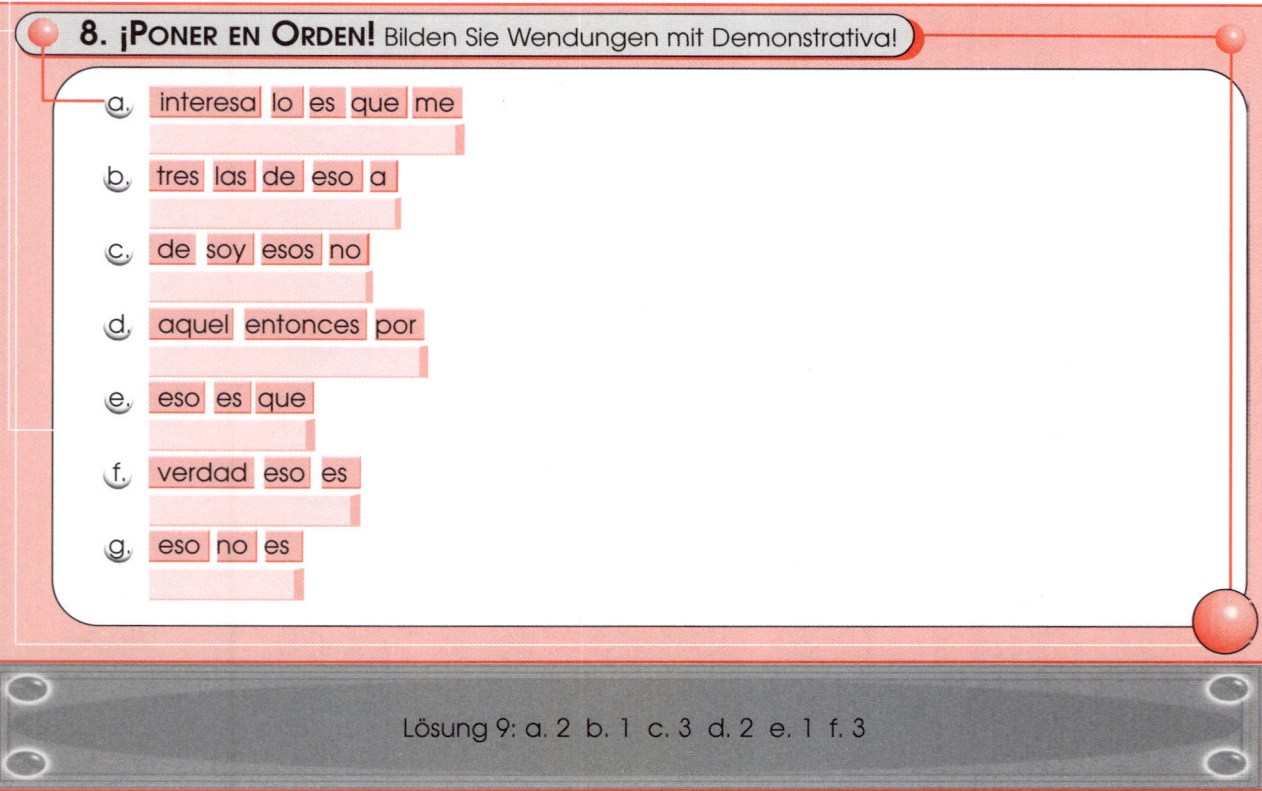

8. ¡PONER EN ORDEN! Bilden Sie Wendungen mit Demonstrativa!

a. interesa lo es que me

b. tres las de eso a

c. de soy esos no

d. aquel entonces por

e. eso es que

f. verdad eso es

g. eso no es

Lösung 9: a. 2 b. 1 c. 3 d. 2 e. 1 f. 3

9. FORMAS ÁTONAS Wo ist das Personalpronomen richtig angeordnet?

a. _____ Ich werde ihn morgen sehen.

1. ◡ Veréle mañana.
2. ◡ Le veré mañana.
3. ◡ Mañana veré le.

b. _____ Man hat dir Pralinen geschenkt.

1. ◡ Te regalaron bombones.
2. ◡ Regalaron te bombones.
3. ◡ Regalaronte bombones.

c. _____ Ich habe sie nicht gerufen.

1. ◡ Yo he llamado no les.
2. ◡ Yo no he llamado les.
3. ◡ Yo no les he llamado.

d. _____ Er schickte euch die Einladung.

1. ◡ Envióos la invitación.
2. ◡ Os envió la invitación.
3. ◡ La invitación envió os.

e. _____ Ich kenne sie.

1. ◡ La conozco.
2. ◡ Conozco la.
3. ◡ Conozcola.

f. _____ Gib ihnen die Einladung nicht.

1. ◡ Des la invitación a ellas no les.
2. ◡ No des a ellas la invitación les.
3. ◡ No les des la invitación a ellas.

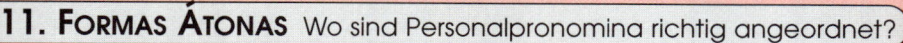

Lösung 10: a. su, mía b. su c. sus d. tuyo e. suyo, mío f. suya, mía
g. tuyo, mío h. tuyos

11. FORMAS ÁTONAS Wo sind Personalpronomina richtig angeordnet?

a. _Er erzählte es uns gestern._

1. ⌣ Nos contó lo ayer.
2. ⌣ Ayer lo contó nos.
3. ✗ Nos lo contó ayer.

b. _Der Lehrer erklärte es mir._

1. ⌣ El profesor lo explicó me.
2. ✗ El profesor me lo explicó.
3. ⌣ El profesor me explicó lo.

c. _Ich rate es euch nicht._

1. ✗ No os lo aconsejo.
2. ⌣ No lo os aconsejo.
3. ⌣ Os aconsejo no lo.

d. _Er will es mir nicht sagen._

1. ⌣ No me quiere decir lo.
2. ⌣ No lo quiere decir me.
3. ✗ No quiere decírmelo.

e. _Ich ließ es mir nicht zweimal sagen._

1. ⌣ No me hizo decir lo dos veces.
2. ✗ No me lo hizo decir dos veces.
3. ⌣ No hizo decirmelo dos veces.

f. _Du musst sie uns schicken._

1. ✗ Tienes que enviárnoslos.
2. ⌣ Nos tienes que enviárlos.
3. ⌣ Nos los tienes que enviar.

13. PONER EN ORDEN Bilden Sie durch die richtige Reihenfolge einen Satz!

a. regalaron el dia me de la cumpleaños mi

b. enviado ya has libro me el

c. casa dejó nueva ver me su

d. invitación les a ellas no la des

e. hizo conciencia regresar la nos

f. error cuenta nuevo del me di de escuchandolo

g. dar te hoy mala que una tengo noticia

14. PRONOMBRES RELATIVOS Setzen Sie das Relativpronomen ein!

a. Los jugadores _ _ _ _ _ _ estaban cansados se retiraron del partido.

b. Las flores _ _ _ _ _ _ habían plantado en el jardín se han secado.

c. El presidente, _ _ _ _ _ _ ha sido elegido esta mañana, ha pronunciado un discurso.

d. Este libro, _ _ _ _ _ _ está un poco viejo, es muy interesante.

e. El libro _ _ _ _ _ _ me regalaste me ha gustado mucho.

f. Subimos a una torre desde _ _ _ _ _ _ se veía la ciudad.

g. Las chicas con _ _ _ _ _ _ salimos son amigas de mi hermana.

h. Estuvimos con unas amigas, _ _ _ _ _ _ nos enseñaron la ciudad.

i. El chico de _ _ _ _ _ _ me hablaste se fue esta mañana.

j. Este es el avión _ _ _ _ _ _ nos llevará a Nueva York.

k. El hombre de _ _ _ _ _ _ me estás hablando es también profesor mío.

l. La señora a _ _ _ _ _ _ acabo de saludar es de Salamanca.

m. El dinero _ _ _ _ _ _ había ganado se lo gastó en juergas.

n. Cogí un taxi de _ _ _ _ _ _ acababa de bajarse un pasajero.

o. Estos son mis amigos con _ _ _ _ _ _ juego al fútbol los domingos.

Lösung 15: a. que b. desde la que c. que d. que e. que f. que g. que

Lösung 14: a. que b. que c. que/quien/el cual d. que, el cual e. que f. la que
g. las que/quienes/las cuales h. quienes i. que/del que/de quien/del cual j. que
k. del que l. la que m. que n. del que o. los que/quienes/los cuales

15. ORACIONES DE RELATIVO Bilden Sie einen Relativsatz!

a. Ayer leí un periódico. Ese periódico sólo traía noticias trágicas.
   Ayer leí un periódico _ _ _ sólo traìa noticias trágicas.

b. Me senté al lado de la ventana. Desde la ventana se veía la calle.
   Me senté al lado de la ventana _ _ _ se veía la calle.

c. Me han regalado un reloj. El reloj no funciona.
   El reloj _ _ _ me han regalado no funciona.

d. Me había matriculado en un curso de alemán. El curso de alemán lo han suspendido.
   Me había matriculado en un curso de alemán _ _ _ han suspendido.

e. Los señores están en el despacho. Los señores son alemanes.
   Los señores _ _ _ están en el despacho son alemanes.

f. Mi hija está buscando trabajo. Mi hija ha terminado la carrera este año.
   Mi hija, _ _ _ ha terminado la carrera este año, está buscando trabajo.

g. Ese chico es mi vecino. Ese chico tiene un coche impresionante.
   Ese chico _ _ _ tiene un coche impresionante es mi vecino.

17. ORACIONES DE RELATIVO Setzen Sie die richtigen Relativpronomina ein!

a. *Eine neue Frau, mit dem, was ich verehre.*
   Una nueva mujer con _ _ _ _ _ _ _ adoro.

b. *Bleibe bei dem, was ich dir sagte.*
   Permanece con _ _ _ _ _ _ _ te dijo.

c. *Sie ärgerte sich sehr, was ich nicht bemerkt hatte.*
   Se enfadó mucho, _ _ _ _ _ _ _ no tenía sentido.

d. *Juan ist ein Mann, den ich heiraten würde.*
   Juan es un hombre con _ _ _ _ _ _ _ yo me casaría.

e. *Ich werde weitergehen und den Stern austeilen denen, die kommen.*
   Yo seguiré marchando, repartiendo la estrella para _ _ _ _ _ _ _ vienen.

f. *Ich bin nur der Leithammel derer, die mit mir gehen.*
   Soy sólo el guía de rebaño de _ _ _ _ _ _ _ van conmigo.

g. *Mit mir siegten tausende von Menschen, die du nicht sehen kannst.*
   Conmigo vencieron miles de hombres _ _ _ _ _ _ _ no puedes ver.

h. *Das ist die Stadt, in der ich geboren bin.*
   Esta es la ciudad _ _ _ _ _ _ _ nací.

18. ORACIONES DE RELATIVO Setzen Sie die richtigen Relativpronomina ein!

a. Das ist die Fahrschule, in der ich das Fahren gelernt habe.

   Esta es la autoescuela _ _ _ _ _ _ _ aprendí conducir.

b. Guardiola machte so viele Fahrstunden, wie er bezahlen konnte.

   Guardiola hizo clases de conducir _ _ _ _ _ _ _ pudo pagar.

c. Kennst du den Mann, dessen Wagen ständig kaputt ist.

   ¿Conoces al hombre _ _ _ _ _ _ _ coche siempre está roto?

d. Kennst du die Frau, die die Fahrprüfung nicht bestanden hat?

   Conoces a la mujer _ _ _ _ _ no aprobó en el examen de conducción.

e. Die Frau hat drei Söhne, von denen jeder Professor ist.

   La mujer tiene tres hijos, cada uno de _ _ _ _ _ _ _ es catadrático.

f. Der Fahrlehrer gratuliert allen, die die Prüfung bestanden haben.

   El profesor de conducción da la enhorabuena _ _ _ _ han pasado el examen.

g. Wer gut isst, kann auch gut arbeiten.

   _ _ _ _ _ _ _ bien come, bien trabaja.

h. Wie heißt die Frau, die gerade ihre Fahrstunde beendet hat?

   ¿Cómo se llama la mujer _ _ _ _ acaba de terminar su clase de conducción?

Lösung 19: a. ¡Que lo pases bien! b. Pepe las sabe todas. c. ¡No la tomes con él!
d. Vas a vértelas conmigo. e. Se las echa de poeta. f. Tu padre se las da de listo.
g. Se las cantaré claras.

20. USOS DE „SE" Verwenden Sie das reflexive *se*!

a. A Juan (caerse) _ _ _ _ _ _ _ _ las cosas de las manos.

b. A vosotros (ocurrirse) _ _ _ _ _ _ _ _ antes muchas ideas buenas.

c. A mí (salirse) _ _ _ _ _ _ _ _ los ojos del asombro.

d. A ti no (escaparse) _ _ _ _ _ _ _ _ ni una.

e. A nosotros (irse) _ _ _ _ _ _ _ _ los mejores años de nuestra vida.

f. A mí (venirse) _ _ _ _ _ _ _ _ a la memoria todo lo que pasó.

g. A ellos (morirse) _ _ _ _ _ _ _ _ las ilusiones.

h. A ellos (dormirse) _ _ _ _ _ _ _ _ la pasión.

i. A mí (apresurarse) _ _ _ _ _ _ _ _ el pulso al verla.

j. A nosotros (averiarse) _ _ _ _ _ _ _ _ el coche.

k. A mí (cerrarse) _ _ _ _ _ _ _ _ los ojos.

l. Al verlos creí que a mí (pararse) _ _ _ _ _ _ _ _ el corazón.

m. A él (producirse)_ _ _ _ _ _ _ una hemorragia al día siguiente de la operación.

n. Aquí a vosotros (calentarse) _ _ _ _ _ _ _ _ los pies.

o. A él (agolparse) _ _ _ _ _ _ _ _ la sangre en las mejillas.

21. Usos de „SE" Verwenden Sie eine reflexivische Satzkonstruktion!

a. El aire libre mejorará tu salud. ⟶ Tu salud _ _ _ _ _ con el aire libre.

b. Este producto abrillanta el pelo. ⟶ El pelo _ _ _ _ _ _ con este producto.

c. Estas inyecciones no curan nada. ⟶ Nada _ _ _ _ _ _ con estas inyecciones.

d. El viento mece los árboles. ⟶ Los árboles _ _ _ _ _ _ con el viento.

e. La inflación sube los precios. ⟶ Los precios _ _ _ _ _ _ con la inflación.

f. Olvidarás toda precaución. ⟶ Toda precaución _ _ _ _ _ _ .

g. Las comodidades alegran la vida. ⟶ La vida _ _ _ _ _ con las comodidades.

h. El tiempo ha avejentado a mi padre. ⟶ Mi padre _ _ _ _ _ _ _ con el tiempo.

i. Los años han encorvado a tu abuelo. ⟶ Tu abuelo _ _ _ _ _ _ con los años.

j. Esa vida sedentaria enfermará a Juan. ⟶ Juan _ _ _ _ con esa vida sedentaria.

k. Tanto esfuerzo os cansará. ⟶ _ _ _ _ _ _ con tanto esfuerzo.

l. La gimnasia ha espigado a Carlos. ⟶ Carlos _ _ _ _ _ _ con la gimnasia.

m. El abuso de pastillas los debilitará. ⟶ _ _ _ _ _ _ con el abuso de pastillas.

n. El sol te secará la piel. ⟶ La piel _ _ _ _ _ _ con el sol.

o. La edad nos apagará los ojos. ⟶ Los ojos _ _ _ _ _ _ con la edad.

Lösung 22: a. algo b. nada c. alguien d. nadie e. cualquiera f. fulanos
g. muchos h. mucho i. pocas j. pocos k. otro l. demasiado m. demás n. todo
o. algunos

23. LOS INDEFINIDOS Markieren Sie den Satz mit dem richtigen Indefinitpronomen!

a. _____ Das kann ja jeder machen.

1. ✖ Lo puede hacer cualquiera.
2. ◯ Lo puede hacer alguien.
3. ◯ Lo puede hacer alguno

d. _____ Jedes dieser Häuser ist morsch.

1. ✖ Cada una de esas casas está podrida.
2. ◯ Algo de esas casas está podrido.
3. ◯ Todas las casas están podridas.

b. _____ Du hast nichts gegessen.

1. ◯ No has comido nadie.
2. ◯ No has comido algo.
3. ✖ No has comido nada.

e. _____ Jemand muss es Jorge sagen.

1. ◯ Cada uno tiene que decirlo a Jorge.
2. ◯ Algo tiene que decirlo a Jorge.
3. ✖ Algien tiene que decirlo a Jorge.

c. _____ Jeder (Einzelne) hat viel zu tun.

1. ◯ Cualquiera tiene mucho que hacer
2. ✖ Cada cual tiene mucho que hacer.
3. ◯ Alguien tiene mucho que hacer.

f. _____ So lauten die Argumente.

1. ◯ Tantos son los argumentos.
2. ✖ Tales son los argumentos.
3. ◯ Todos son los argumentos.

24. LOS INDEFINIDOS Fügen Sie das richtige spanische Indefinitpronomen hinzu!

a. Nur _wenige_ können singen wie Pia und Dolores. ------➤ _____

b. _Einige_ kommen an und andere gehen weg. ------➤ _____

c. Zum Vorstellungsgespräch erschienen _zu viele_. ------➤ _____

d. Das ist _eine weitere/andere_ Schwester von ihm. ------➤ _____

e. Vieles davon ist _wenig_ oder _nichts_ wert. ------➤ _____

f. Das ist ein Herr, der von _allem_ ein _wenig_ weiß. ------➤ _____

g. Sie war _so eine_ gewesen, bevor sie ihn kennen lernte. ------➤ _____

h. Er servierte _etwas_ Wein, aber sehr wenig. ------➤ _____

i. Ich habe von dem Autor da _nichts_ gelesen. ------➤ _____

j. _Jemand_ sagte mir, dass du außer Haus bist. ------➤ _____

k. Da kann man _nichts_ machen. ------➤ _____

l. Ich kenne _jemanden_, der dir helfen kann. ------➤ _____

m. Ich gehe nicht weg, ohne _jemanden_ gesehen zu haben. ------➤ _____

n. Mit dem Anzug da scheinst du _jemand_ Wichtiges zu sein. ------➤ _____

o. _Niemand_ weiß es. ------➤ _____

Lösung 25: a. nadie b. mismo c. unos d. ning'n e. mismo f. nadie g. algunos h. ningún
i. algunos j. a algunos k. mismo l. demasiado m. demasiado poco n. nada o. los demás

25. LOS INDEFINIDOS Fügen Sie das spanische Indefinitpronomen hinzu!

a. Weiß _jemand_, was ich ertragen habe?

b. Du hast ein Hemd in der _gleichen_ Farbe.

c. Er wird sich _einige_ Tage in Salamanca aufhalten.

d. Francisco hat _kein_ Interesse, sie zu sprechen.

e. Eladio ist aus _derselben_ Stadt wie ich.

f. Sie kennt ihn besser als sonst _jemand_.

g. Felix traf Manuel vor _einigen_ Tagen.

h. Ich hatte _kein_ Verlangen, sie zu sehen.

i. Ich werde mir _einige_ Ausreden einfallen lassen müssen.

j. _Einigen_ fällt es schwer, ehrlich zu sein.

k. Du musst ihn _selbst_ begrüßen.

l. Du fragst _zu viel_.

m. Du denkst _viel zu wenig_.

n. Ich habe _nichts_ zu essen.

o. Ich muss natürlich auch _die Anderen/Übrigen_ fragen.

Lösung 26: a. con abnegación b. en/con abundancia c. con acierto d. con brevedad
e. con cuidado f. por desgracia g. en/con detalle h. con facilidad i. con furia j. en público
k. con alegría l. con una gran espontaneidad m. sin cesar n. con brusquedad o. por decoro

27. LOS ADVERBIOS Ersetzen Sie die Umschreibungen durch Adverbien!

a. No me molesta _en absoluto_.

b. Me agradó _en gran manera_ su discorso.

c. _Está claro que_ lo que pretende es ganar tiempo.

d. Eran ocho personas, _en efecto_.

e. _Por fin_ se ha decidido a decírselo.

f. _En tiempo reciente_ tuvo un buen detalle conmigo.

g. Y ya, _por último_, les hablaré de la pintura abstracta.

h. Los profesores, _en general_, son bastante buenos.

i. _Por lo general_, me acuesto temprano.

j. _Sin duda_, es así.

k. Llamó por teléfono _justo_ cuando me iba.

l. _Es obvio que_ está enfadado.

m. _Con toda seguridad_, tu primo habrá perdido el avión.

n. Es muy simpático, _sólo_ que hoy está disgustado.

o. _Es muy probable que_ sean amigos.

Lösung 28: a. lógicamente b. tanto local como nacional e internacionalmente
c. locamente d. sociológica y psicológicamente f. cómodamente g. afirmativamente
h. fácilmente i. grandemente j. particularmente k. temprano l. amargadamente

29. ¿ADJETIVO O ADVERBIO? Entscheiden Sie über die Wortart!

a. Es una zona (fuerte) _ _ _ _ _ _ _ vigilada.

b. Trabajamos por las personas mayores que están (solo) _ _ _ _ _ _ _.

c. Nos dedicamos (constante) _ _ _ _ _ _ _ a imaginar nuevos servicios.

d. Me ocuparé (personal) _ _ _ _ _ _ _ de ello.

e. No tengo nada (personal) _ _ _ _ _ _ _ contra ti.

f. Más de 12.000 niños mueren de enfermedades (fácil) _ _ _ _ _ _ _ evitables.

g. Marìa ha ido (solo) _ _ _ _ _ _ _ al concierto.

h. Es muy (fácil)_ _ _ _ _ _ , ya verás cómo lo entiendes (rápido) _ _ _ _ _ _ _.

i. Eso se dice (fácil)_ _ _ _ _ _, pero no es (tanto) _ _ _ _ _ sencillo.

j. Estuviste muy (rotundo) _ _ _ _ _ _ _ en tus declaraciones.

k. Me opongo (rotundo) _ _ _ _ _ _ _ a la publicación de este artículo.

l. Es (perfecto) _ _ _ _ _ _ _ legítimo que esté usted en contra de la caza.

m. Usted emplea términos y calificativos (tendencioso) _ _ _ _ _ _ _ inexactos.

n. Habla siempre muy (fuerte) _ _ _ _ _ _ _.

o. No me gusta cenar (fuerte) _ _ _ _ _ _ _.

a. Desde un punto de vista económico, el país ha sufrido una gran crisis.

_ _ _ _ _ _ _ _ _ _ _ _, el país ha sufrido una gran crisis.

b. Desde un punto de vista teórico, podemos construir una frase correcta con 2000 palabras.

_ _ _ _ _ _ _ _ _ _ _ _, podemos construir una frase correcta con 2000 palabras.

c. Desde un punto de vista gramatical, el texto es discutible, pero desde un punto de vista literario es un verdadero hallazgo.

_ _ _ _ _ _ _ _ _ _ _ _, el texto es discutible, pero _ _ _ _ _ _ _ _ es un verdadero hallazgo.

d. Desde un punto de vista psicológico, tu proposición es descabellada.

_ _ _ _ _ _ _ _ _ _ _ _, tu proposición es descabellada.

e. Ni desde un punto di vista físico ni desde un punto de vista psicológico me encuentro bien.

Ni _ _ _ _ _ _ _ _ _ _ _ _ ni _ _ _ _ _ _ _ _ _ _ _ _ me encuentro bien.

f. Desde un punto de vista histórico, la tesis no está bien planteada.

_ _ _ _ _ _ _ _ _ _ _ _, la tesis no está bien planteada.

Lösung 31: a. lógico b. histórico c. expresivo, lógico d. técnico e. fonético, gráfico
f. sociológico y psicológico

31. ADVERBIOS & EL PUNTO DE VISTA Umschreiben Sie die Adverbien!

a. Lógicamente, él no pude haberlo hecho.

Desde un punto de vista _ _ _ _ _ _ _ _ _ _ _, él no puede haberlo hecho.

b. Históricamente, eso no es cierto.

Desde un punto de vista _ _ _ _ _ _ _ _ _ _ _, eso no es cierto.

c. Expresivamente está muy logrado el escrito, pero lógicamente deja mucho que desear.

Desde un punto de vista _ _ _ _ _ _ _ _ _ está muy logrado el escrito, pero desde un punto de vista _ _ _ _ _ _ _ _ _ deja mucho que desear.

d. Le gusta abordar los problemas muy técnicamente.

Le gusta abordar los problemas muy desde un punto de vista _ _ _ _ _ _ _ _.

e. Son palabras fonéticamente idénticas, aunque gráficamente muy distantes.

Son palabras desde un punto de vista _ _ _ _ _ _ _ idénticas, aunque desde   un punto de vista _ _ _ _ _ _ _ _ muy distantes.

f. Ésa es una hipótesis sociológica y psicológicamente muy atractiva.

Ésa es una hipótesis desde un punto de vista _ _ _ _ _ _ _ _ y _ _ _ _ _ _ _ _ _ muy atractiva.

32. ¡EL INFINITIVO! Setzen Sie satzverkürzende Infinitivkonstrutionen ein!

a. Er rief an, um dich zu verständigen.

Llamó por teléfono _ _ _ _ _ _ _ _ .

para

b. Der Fahrlehrer erklärt die Übung, damit man sie versteht.

El profesor de conducción explica la práctica _ _ _ _ _ _.

a fin de

c. Sie fuhren mit dem Zug, um früher anzukommen.

Iban en tren _ _ _ _ _ _ _ _ _ antes.

para

d. Ich helfe dir, damit es keine Probleme gibt.

Te ayudo _ _ _ _ _ _ _ _ problemas.

para

e. Ich komme, um das Diplom abzuholen.

Vengo _ _ _ _ _ _ _ _ el diploma.

a

f. Als sie uns sahen, waren sie überrascht.

_ _ _ _ _ se quedaron sorprendidos.

al

g. Kurz nachdem du weggegangen warst, kam Wilhelm an.

_ _ _ _ _ _ _ tú, llegó Guillermo.

a poco de

Lösung 33: a. dejado de fumar b. está por cambiar c. para adelgazar
d. queda en comprar e. antes de ir f. despues de comer g. hasta conseguir

35. ¡EL INFINITIVO! Richtige Satzkonstruktionen mit Infinitiv markieren!

a. _____ Wir werden sofort essen.

1. ⏝ Vamos de comer en seguida.
2. ⏝ Vamos en comer en seguida.
3. ⏝ Vamos a comer enseguida.

b. _____ Franz wollte einen Ausflug machen.

1. ⏝ Paco iba a hacer una excursión.
2. ⏝ Paco iba por hacer una excursión.
3. ⏝ Paco iba de hacer una excursión.

c. _____ Agnes brach in Tränen aus.

1. ⏝ Inés se echó en llorar.
2. ⏝ Inés se echó a llorar.
3. ⏝ Inés empezó por llorar.

d. _____ Georg fing plötzlich an zu rennen.

1. ⏝ Jorge rompió de correr.
2. ⏝ Jorge rompió por correr.
3. ⏝ Jorge rompió a correr.

e. _____ Josef bringt kein Wort hervor.

1. ⏝ José no acierta a hablar.
2. ⏝ José no empieza a hablar.
3. ⏝ José no empieza de hablar.

f. _____ Mit der Zeit wurde er Millionär.

1. ⏝ Con el tiempo, iba a ser millonario.
2. ⏝ Con el tiempo, vino a ser millonario.
3. ⏝ Con el tiempo, llegó a ser millonario.

36. ¡EL INFINITIVO! Setzen Sie satzverkürzende Infinitivkonstruktionen ein!

a. Roland sagt es ihnen, bevor er weggeht.

   Roldán se lo dice, _ _ _ _ _ _ _ _ _ _ _ _ .   **antes de**

b. Als sie uns sahen, waren sie überrascht.

   _ _ _ _ _ _ _ _ _ _ _ se quedaron sorprendidos.   **al**

c. Kurz nachdem sie angekommen waren, hatten sie sich schon gestritten.   **a poco de**

   _ _ _ _ _ _ _ _ _ _ _ ya se habían peleado.

d. Nachdem Wilhelmine zu Hause angekommen war, rief sie mich an.   **despues de**

   _ _ _ _ _ _ _ _ _ _ _ a casa Guillermina me llamó.

e. Kaum hatte sie uns gesehen, rannte sie los, um uns zu umarmen.   **nada más**

   _ _ _ _ _ _ _ _ _ _ _ , corrió para abrazarnos.

f. Friedrich kam nicht zur Versammlung, weil er auf Reisen war.   **por**

   Federico no vino a la reunión _ _ _ _ _ _ _ _ de viaje.

g. Weil wir so viel arbeiteten, waren wir ganz kaputt.   **de tanto**

   _ _ _ _ _ _ _ _ _ _ _ estábamos tronchados.

Lösung 37: a. para sacar b. en vez de ir c. sin comprar d. ademas de saber
e. a fuerza de mentir f. de casarme g. con rezar

Lösung 36: a. antes de marcharle b. al vernos c. a poco de llegar d. despues de llegar
e. nada mas vernos f. por estar g. de tanto trabajar

37. ¡EL INDEFINITIVO! Setzen Sie satzverkürzende Infinitivkonstruktionen ein!

a. Josef ist hier, um den Führerschein zu machen.

José está aquí _ _ _ _ _ _ _ _ el carnet de conducir.

para

b. Anstatt in die Schule zu gehen, ging Franz ins Schwimmbad.

_ _ _ _ _ _ _ _ _ _ a la escuela, Paco fue a la piscina.

en vez de

c. Franz ging, ohne etwas zu kaufen.

Francisco se fue _ _ _ _ _ _ _ _ _ _ nada.

sin

d. Sie kann nicht nur Italienisch, sondern spricht auch gut Portugiesisch.

_ _ _ _ _ _ _ _ italiano, ella habla bien el portugués.

ademas

e. Weil er immer wieder log, glaubte ihm niemand mehr.

_ _ _ _ _ _ _ _ _ _ , ya nadie le creía.

a fuerza de

f. Wenn ich dich heirate, dann ist es für das ganze Leben.

_ _ _ _ _ _ _ _ _ _ contigo, será para todo la vida.

de

g. Wenn du nur betest, wirst du nichts erreichen.

_ _ _ _ _ _ _ _ _ _ no conseguirás nada.

con

38. ¡EL INFINITIVO! Richtige Satzkonstruktion mit Infinitiv markieren!

a. Josef und Roland müssen arbeiten.

1. ⌣ José y Roldán tenemos que trabajar.
2. ⌣ José y Roldán tienen que trabajar.
3. ⌣ José y Roldán tienes que trabajar.

b. Ich pflege dienstags hier anzukommen.

1. ⌣ Suele llegar aquí los martes.
2. ⌣ Suelo llega aquí los martes.
3. ⌣ Suelo llegar aquí los martes.

c. Lothar braucht nicht zu fragen.

1. ⌣ Lotario no tiene que preguntar.
2. ⌣ Lotario no tenga que preguntar.
3. ⌣ Lotario no tiene que preguntas.

d. Man darf nicht vergessen.

1. ⌣ No hay que olvida.
2. ⌣ No hay que olvidan.
3. ⌣ No hay que olvidar.

e. Die Betten sind noch zu machen.

1. ⌣ Las camas están por hace.
2. ⌣ Las camas están por hacer.
3. ⌣ Las camas está por hacer.

f. Leo ist dafür, es zu verkaufen.

1. ⌣ León está por venderlo.
2. ⌣ León está para venderlo.
3. ⌣ León está para lo vender.

Lösung 39: a. 1 b. 3 c. 1 d. 2 e. 3 f. 2

39. ¡EL GERUNDIO! Richtige Satzkonstruktion mit Gerundium markieren!

a. _____ Er hat den ganzen Morgen gesungen.

1. ⌣ Estuvo cantando toda la mañana.
2. ⌣ Estuve cantando toda la mañana.
3. ⌣ Estuvo cantado toda la mañana.

b. _____ Ich wohne seit fünf Jahren hier.

1. ⌣ Llevas viviendo aquí cinco años.
2. ⌣ Llevo vivido aquí cinco años.
3. ⌣ Llevo viviendo aquí cinco años.

c. _____ Die Halle füllte sich nach und nach.

1. ⌣ El pabellón iba llenándose.
2. ⌣ El pabellón ibas llenándose.
3. ⌣ El pabellón se iba llenado.

d. _____ Die Preise sind im Sinken begriffen.

1. ⌣ Los precios van bajado.
2. ⌣ Los precios van bajando.
3. ⌣ Los precios va bajando.

e. _____ Schließlich schlief er doch noch ein.

1. ⌣ Acabé durmiéndose.
2. ⌣ Se acabó dormido.
3. ⌣ Acabó durmiéndose.

f. _____ Am Ende ärgert er sich noch immer.

1. ⌣ Siempre acabó enfadándose.
2. ⌣ Siempre acaba enfadándose.
3. ⌣ Siempre se acaba enfadado.

42. ¡El Gerundio! Setzen Sie die richtige Konstruktion mit Gerundium ein!

a. Roderich hat bis fünf Uhr früh gearbeitet.

Rodrigo _ _ _ _ _ _ _ _ _ hasta las cinco de la mañana.   *quedarse*

b. Johannes sagte plötzlich, dass er es nicht wisse.

Juan _ _ _ _ _ _ _ _ _ _ que no lo sabía.   *salir*

c. Ludwig ging als Sieger aus dem Wettbewerb hervor.

Luís _ _ _ _ _ _ _ _ _ _ de la competencia.   *salir*

d. Mit der Zeit wird Johanna es schon lernen.

Juana ya lo _ _ _ _ _ _ _ _ _ _ _ _ .   *ir*

e. Die Kinder sahen weiter fern.

Los niños _ _ _ _ _ _ _ _ _ _ la televisión.   *quedarse*

f. Raimund vergrößert schön langsam seine Spanischkenntnisse.

Ramón _ _ _ _ _ _ _ _ _ su conocimientos de español.   *ir*

g. Rudolf schlenderte so durch die Stadt.

Rodolfo _ _ _ _ _ _ _ _ _ _ vueltas por la ciudad.   *andar*

Lösung 43: a. va adelantado b. sigue preocupado c. da por terminado
d. ha dejado olvidado e. sigue estropeado f. traen...preocupado g. quedado encendido

43. ¡EL PARTICIPIO! Setzen Sie die richtige Konstruktion mit Partizip ein!

a. *Meine Uhr geht immer vor.*
   Mi reloj siempre _ _ _ _ _ _ _ _ _ _ _ _ .   **ir**

b. *Theodor ist immer noch besorgt.*
   Teodoro_ _ _ _ _ _ _ _ _ _ _ _ .   **seguir**

c. *Thomas hält diese Angelegenheit für erledigt.*
   Tomás _ _ _ _ _ _ _ _ _ _ _ _ este asunto.   **dar por**

d. *Dietrich hat seinen Kugelschreiber liegen lassen.*
   Teodorico _ _ _ _ _ _ _ _ _ _ _ _ su bolígrafo.   **dejar**

e. *Mein Fernseher ist immer noch kaputt.*
   Mi televisor _ _ _ _ _ _ _ _ _ _ _ _ .   **seguir**

f. *Diese Dinge machen ihm große Sorgen.*
   Estos objetos le_ _ _ _ _ _ muy _ _ _ _ _ _ .   **traer**

g. *Der Motor war noch eingeschaltet.*
   El motor había _ _ _ _ _ _ _ _ _ _ _ _ .   **quedar**

44. ¡EL PARTICIPIO! Setzen Sie die richtige Konstruktion mit Partizip Perfekt ein!

a. *Heinrich hat schon 5 Wohnungen besichtigt und keine gefällt ihm.*
   Enrique _ _ _ _ ya _ _ _ _ 5 pisos y no le gusta ninguno.   **llevar**

b. *Wilhelm hat schon dreißig Kilometer zurückgelegt.*
   Guillermo ya _ _ _ _ _ _ _ _ _ _ treinta kilómetros.   **tener**

c. *Der Lehrer ist sehr zerstreut.*
   El profesor _ _ _ _ _ muy _ _ _ _ _ .   **ir**

d. *Roland wurde zu fünf Jahren Gefängnis verurteilt.*
   Roldán _ _ _ _ _ _ _ _ _ _ a cinco años de prisión.   **quedar**

e. *Agnes und Georg sind verliebt.*
   Inés y Jorge _ _ _ _ _ _ _ _ _ _ .   **andar**

f. *Peter hat bisher schon fünftausend Peseten ausgegeben.*
   Pedro ya _ _ _ _ _ _ _ _ _ _ cinco mil pesetas.   **llevar**

g. *Ludwig hat das Licht brennen lassen.*
   Luís _ _ _ _ _ _ _ _ _ _ la luz.   **dejar**

Lösung 45: a. 1 b. 3 c. 2 d. 1 e. 3 f. 2

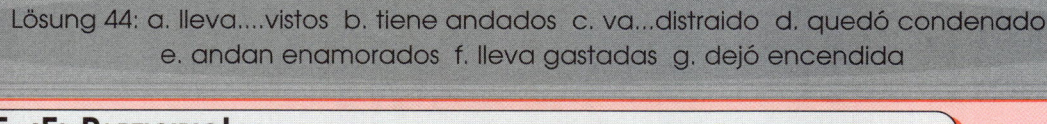

Lösung 44: a. lleva....vistos b. tiene andados c. va...distraido d. quedó condenado
e. andan enamorados f. lleva gastadas g. dejó encendida

45. ¡EL PARTICIPIO! Markieren Sie die richtige Konstruktion mit Partizip Perfekt!

a. Josef hat die ganze Zeitung gelesen.

1. ⌣ José lleva leído todo el periódico.
2. ⌣ José lleva leída todo el periódico.
3. ⌣ José llevo leído todo el periódico.

b. Meine Mutter ist sehr besorgt.

1. ⌣ Mi madre van muy preocupada.
2. ⌣ Mi madre va muy preocupado.
3. ⌣ Mi madre va muy preocupada.

c. Er hat diese Bücher schon gelesen.

1. ⌣ Ya tiene leída esos libros.
2. ⌣ Ya tiene leídos esos libros.
3. ⌣ Ya tiene leído esos libros.

d. Heinrich fühlt sich beleidigt.

1. ⌣ Enrique se da por ofendido.
2. ⌣ Enrique se da por ofendida.
3. ⌣ Enrique se da por ofendidos.

e. Sie hat viele Bemerkungen notiert.

1. ⌣ Tiene anotada muchas anotaciones.
2. ⌣ Tiene anotado muchas anotaciones.
3. ⌣ Tiene anotadas muchas anotaciones.

f. Wilhelm fühlt sich betroffen.

1. ⌣ Guillermo se da por aludida.
2. ⌣ Guillermo se da por aludido.
3. ⌣ Guillermo se da por aludidos.

47. ¡EL PARTICIPIO! Setzen Sie die richtige Konstruktion mit Partizip Perfekt ein!

a. Ich halte seine Zusage für zutreffend.

    _ _ _ _ _ _ _ _ _ _ _ _ su promesa.

dar por

b. Wilhelm und Georg schweigen dazu.

    Guillermo y Jorge se _ _ _ _ _ _ _ _ _ _ _ para ello.

quedar

c. Hans hat schon fünf Autos repariert.

    Juan _ _ _ _ _ _ _ _ _ _ _ _ cinco coches.

llevar

d. Er hat den Schlüsselbund liegen lassen.

    Ha _ _ _ _ _ _ _ _ _ _ _ _ el manojo de llaves.

dejar

e. Diese Angelegenheit wirkt auf mich durchaus überzeugend.

    Este asunto me _ _ _ _ _ _ _ _ _ _ _ .

traer

f. Markus und Martin geben sich zufrieden.

    Marcos y Martín se _ _ _ _ _ _ _ _ _ _ _ _ _ .

dar por

g. Die Lehrer haben schon die Hälfte des Buches geschrieben.

    Los profesores _ _ _ _ _ _ _ _ _ ya mitad del libro.

traer

49. ¿SER O ESTAR? Setzen Sie *ser* oder *estar* in der richtigen Form ein!

a. Con los nuevos planes movistar, _ _ _ _ _ _ _ _ tú quien decides.

b. Rodrigo _ _ _ _ _ _ _ _ tan débil.

c. Planificar tu gasto _ _ _ _ _ _ _ _ muy fácil.

d. "Yo sé que _ _ _ _ _ _ _ _ algo más que un símbolo sexual."

e. El portero _ _ _ _ _ _ _ _ rabioso porque han perdido el partido.

f. La gente que no quiere _ _ _ _ _ _ _ _ sola se convierte en artista.

g. "Hay momentos en que (yo) _ _ _ _ _ _ _ _ suave y vulnerable".

h. Yo no _ _ _ _ _ _ _ _ acostumbrado.

i. "Yo no _ _ _ _ _ _ _ _ consciente de ello en aquel entonces".

j. Esto no puede _ _ _ _ _ _ _ _ .

k. "Cuando (tu) _ _ _ _ _ _ en este negocio _ _ _ _ necesario tener una cierta actitud".

l. "Para mi (las pruebas) _ _ _ _ _ _ una oportunidad de meterme en esto".

m. Los niños _ _ _ _ _ _ _ _ muy cansados.

n. (Él) _ _ _ _ _ _ tan concentrado que no se dio cuenta de que nos íbamos.

o. ¿Responde a su manera de _ _ _ _ _ _ _ _ o es puro marketing?

50. ¿SER O ESTAR? Setzen Sie ser oder estar in der richtigen Form ein!

a. _ _ _ _ _ _ _ , que tomo como un halago que me consideren así.

b. En cualquier caso, _ _ _ _ _ _ _ _ _ un halago.

c. El alemán _ _ _ _ _ _ _ _ _ una lengua difícil.

d. Eso supone una sensualidad, _ _ _ _ _ _ _ _ sexy.

e. Ayer (nosotros) _ _ _ _ _ _ _ _ _ a cinco grados bajo cero.

f. La sopa _ _ _ _ _ _ _ _ caliente.

g. Nadie _ _ _ _ _ _ _ _ _ de una sola manera.

h. Sí, tengo miedo a _ _ _ _ _ _ _ _ sola.

i. Yo no _ _ _ _ _ _ _ _ para bromas.

j. (En el pasado nosotros) _ _ _ _ _ _ _ _ _ _ sin agua tres días.

k. (Yo) no _ _ _ _ _ _ del tipo de gente que necesita _ _ _ _ _ _ tranquila y a solas.

l. Mi padre _ _ _ _ _ _ _ _ de viaje.

m. Mis amigos _ _ _ _ _ _ _ _ inteligentes.

n. Sí, (nosotros) _ _ _ _ _ _ _ _ protestantes.

o. Se entiende que las divas _ _ _ _ _ _ _ _ caprichosas.

Lösung 51: a. 2 b. 3 c. 1 d. 3 e. 2 f. 1

51. ¿SER O ESTAR? Markieren Sie *ser* oder *estar* in der richtigen Form!

a. ____ Markus ist mein Onkel.

1. ◡ Marco está mi tío.
2. ◡ Marco es mi tío.
3. ◡ Marco era mi tío.

b. ____ Hans ist in der Fahrschule.

1. ◡ Juan esté en la autoescuela.
2. ◡ Juan es en la autoescuela.
3. ◡ Juan está en la autoescuela.

c. ____ Wie gut der Pudding schmeckt!

1. ◡ ¡Qué rico está el flan!
2. ◡ ¡Qué rico sea el flan!
3. ◡ ¡Qué rico es el flan!

d. ____ Raimund ist seit 5 Jahren Lehrer.

1. ◡ Ramón está profesor desde hace 5 años.
2. ◡ Ramón era profesor desde hace 5 años.
3. ◡ Ramón es profesor desde hace 5 años.

e. ____ Ludwig ist heute sehr nervös.

1. ◡ Luís es muy nervioso hoy.
2. ◡ Luís está muy nervioso hoy.
3. ◡ Luís ha estado muy nervioso hoy.

f. ____ Roderich ist zu Hause. Er ist krank.

1. ◡ Rodrigo está en casa. Está enfermo.
2. ◡ Rodrigo es en casa. Está enfermo.
3. ◡ Rodrigo está en casa. Es enfermo.

Lösung 52: a. ¡Vamos a darles dinero!/¡Les demos dinero! b. ¡Vamos a la playa! c. ¡Hagalo!
d. ¡Hazlo! e. ¡Ahora id! f. ¡Idos! g. ¡Lavaos! h. ¡Siéntate! i. ¡Siéntense! j. Abre la ventana!
k. ¡Abrala! l. ¡No la abra! m. ¡Escribidme una carta! n. ¡No me escribáis! o. ¡Escribeme!

53. ¡EL IMPERATIVO! Bilden Sie Sätze im verneinten Imperativ!

a. ¡Haz tu vida más fácil! ----------------->
b. ¡Despidámonos! ----------------->
c. ¡Necesita una etiqueta! ----------------->
d. ¡Hacédmelo! ----------------->
e. ¡Viva la novia! ----------------->
f. ¡Hagámoslo! ----------------->
g. ¡Levante el pie de su pareja! ----------------->
h. ¡Sentémonos! ----------------->
i. ¡Sujete el pie con una mano! ----------------->
j. ¡Levantémonos! ----------------->
k. ¡Haga los siguientes movimientos! ----------------->
l. ¡Dígamelo! ----------------->
m. ¡Friccione toda la planta! ----------------->
n. ¡Tómatelo! ----------------->
o. ¡Aumente la presión! ----------------->

54. ¡HABLA! ¡HABLAD! Imperativsätze mit 2. Person Plural aus 2. Person Singular bilden!

a. ¡Come menos! -------------->

b. ¡Trabaja más! -------------->

c. ¡No hables tanto! -------------->

d. ¡Escribe el apunte! -------------->

e. ¡No escribas las cartas! -------------->

f. ¡No te preocupes! -------------->

g. ¡Traenos dos cafés con leche! -------------->

h. ¡Exige siempre dinero! -------------->

i. ¡Piensa en los ejercicios! -------------->

j. ¡Hazme las tareas inmediatamente! -------------->

k. ¡No me digas esa tonteria! -------------->

l. ¡No pienses en los dolores! -------------->

m. ¡Cruza la Plaza de Armas! -------------->

n. ¡Dobla a la derecha! -------------->

o. ¡No dobles a la izquierda! -------------->

Lösung 55: a. ¡Dígamelo! b. ¡No lo diga Vd.! c. ¡Díselo! d. ¡Díselo a ella! e. ¡Tómelo!
f. ¡Tómatelo g. ¡No te lo tomes! h. ¡Canta una canción! i. ¡No cantes! j. ¡No cante!
k. ¡Dámelo! l. ¡No lo des! m. ¡Déselo! n. ¡No se preocupe Vd.! o. ¡No te preocupes !

56. ¡EL IMPERATIVO! Setzen Sie das Verb in der richtigen Imperativform ein!

a. Me dice: "¡(esperar) _ _ _ _ _ _ _ _ _ me aquí!"

b. Ramón le gritó: "¡(venir) _ _ _ _ _ _ _ _ en seguida!"

c. Nos dijo: "¡Nunca (volver) _ _ _ _ _ _ _ _ _ a poner el pie en mi casa!"

d. ¡(echar) _ _ _ _ _ _ _ _ _ usted una mano!

e. Ronaldo nos dice : "¡(llamar) _ _ _ _ _ _ _ _ _ _ me a las dos!"

f. El padre le dice: "¡ No (tomar, lo) _ _ _ _ _ _ _ _ en la mano izquierda!"

g. ¡(venir) _ _ _ _ _ _ _ _ usted esa mañana!

h. La madre nos ordenó: "¡(ayudar) _ _ _ _ _ _ _ _ me a resolver los problemas!"

i. El médico dice al paciente: "¡(regresar) _ _ _ _ _ _ _ _ _ Vd. en la próxima semana!"

j. ¡Usted (dar) _ _ _ _ _ _ _ _ me las manos!

k. El gritó: "¡(salir) _ _ _ _ _ _ _ _ _ Vd. de la sala!"

l. El padre me advirtió: "¡No (volver) _ _ _ _ _ _ _ _ a llegar tarde!"

m. La madre advirtió también a mi hermana: "¡(regresar) _ _ _ _ _ _ _ _ _ a tiempo!"

n. ¡(llevar) _ _ _ _ _ _ _ _ vosotros las tarjetas postales al buzón!

o. ¡(esperar) _ _ _ _ _ _ _ _ Vds. un momento!

Lösung 57: a. ¡No me lo hagáis! b. ¡No me lo digas! c. ¡No lo digas! d. ¡No lo digáis! e. ¡No nos vamos! f. ¡No me escribas! g. No nos lo escribáis! h. ¡No se lo escriban! i. ¡No lo toméis! j. ¡No te lo tomes! k. ¡No os lavéis! l. ¡No nos levantemos! m. ¡No se siente! n. ¡No te sientes! o. ¡No os sentéis!

Lösung 56: a. espérame b. ven c. volváis d. eche e. llámadme f. lo tomes g. venga h. ayúdadme i. regrese j. déme k. salga l. vuelvas m. regresa n. llevad o. esperen

57. ¡EL IMPERATIVO! Setzen Sie den verneinten Imperativ ein!

a. ¡Hacédmelo!   ¡No...!
b. ¡Dímelo!   ¡No...!
c. ¡Dilo!   ¡No...!
d. ¡Decidlo!   ¡No...!
e. ¡Vámonos!   ¡No...!
f. ¡Escríbeme!   ¡No...!
g. ¡Escribídnoslo!   ¡No...!
h. ¡Escríbansclo!   ¡No...!
i. ¡Tomadlo!   ¡No...!
j. ¡Tómatelo!   ¡No...!
k. ¡Lavaos!   ¡No...!
l. ¡Llevantémonos!   ¡No...!
m. ¡Siéntese!   ¡No...!
n. ¡Siéntate!   ¡No...!
o. ¡Sentaos!   ¡No...!

59. ¡EL IMPERATIVO! Setzen Sie das Verb in der richtigen Imperativform ein!

a. Geben Sie sofort das Geld zurück!

¡_ _ _ _ _ _ _ _ _ Vd. en seguida el dinero!

b. Helena, schließ jetzt das Fenster!

¡Elena, _ _ _ _ _ _ _ _ _ la ventana ahora!

c. Wilhelm, hör auf zu rauchen!

¡Guillermo, _ _ _ _ _ _ _ _ _ de fumar!

d. Wilhelmine, schweig jetzt!

¡Guillermina, _ _ _ _ _ _ _ _ _ ahora!

e. Robert, geh nicht so spät zu Bett!

¡Roberto, no te _ _ _ _ _ _ _ _ tan tarde!

f. Franz, machen Sie das Radio leiser.

Francisco, _ _ _ _ _ _ _ _ _ la radio!

g. Gerhard, setzen Sie sich hin und schreiben Sie es mir auf!

¡Gerardo, _ _ _ _ _ _ _ _ _ y _ _ _ _ _ _ _ _ _ !

60. ¡LA TERCERA PERSONA! Bilden Sie die 3. Person Präsens Indikativ!

a. agorar ----------------------------------➤

b. errar ----------------------------------➤

c. acentuar ----------------------------------➤

d. jugar ----------------------------------➤

e. absolver ----------------------------------➤

f. mover ----------------------------------➤

g. oler ----------------------------------➤

h. poder ----------------------------------➤

i. poner ----------------------------------➤

j. perder ----------------------------------➤

k. adquirir ----------------------------------➤

l. concluir ----------------------------------➤

m. erguir ----------------------------------➤

n. oír ----------------------------------➤

o. reír ----------------------------------➤

Lösung 61: a. venga b. salga c. oiga d. mida e. conduzca f. diga g. vea h. valga
i. traiga j. sepa k. taña l. ponga m. quepa n. sea o. juegue

61. ¡LA TERCERA PERSONA! Bilden Sie die 3. Person Präsens Konjunktiv!

a. venir - ⟶

b. salir - ⟶

c. oír - ⟶

d. medir - ⟶

e. conducir - ⟶

f. decir - ⟶

g. ver - ⟶

h. valer - ⟶

i. traer - ⟶

j. saber - ⟶

k. tañer - ⟶

l. poner - ⟶

m. caber - ⟶

n. ser - ⟶

o. jugar - ⟶

63. ¡EL PASADO! Setzen Sie die richtige Vergangenheitsform ein!

a. La final del torneo (quedar) _ _ _ _ _ _ marcada ayer con la llegada de su novia.

b. Medvedev (cerrar) _ _ _ _ _ el paso a Fernando Meligeni al vencerle por 7-5, 3-6, 7-6.

c. Ayer la lluvia (impedir) _ _ _ _ _ _ _ la conclusión del torneo.

d. Cuando Agassi (vencer) _ _ _ _ _ _ _ por 6-4, 7-6, 3-6, tras dos horas.

e. "Es como nacer por segunda vez", (exclamar) _ _ _ _ _ _ _ tras su victoria de ayer.

f. "Y ahora estoy aquí. (yo, estar) _ _ _ _ _ _ fuera del tenis competitivo durante varios meses.

g. (yo, cometer) _ _ _ _ _ _ errores en los últimos cuatro años.

h. Pero los (yo, pagar) _ _ _ _ _ _ _ _."

i. Gustavo Kuerten (ganar) _ _ _ _ _ _ _ el torneo en 1997 siendo el 66° mundial.

j. La jornada ayer (ser) _ _ _ _ _ _ _ gris en el cielo, pero brillante en la pista.

k. Medvedev ni siquiera se (inquietar) _ _ _ _ _ _ _ _ .

l. Meligeni (buscar) _ _ _ _ _ _ _ con pasión alcanzar la final.

m. "(yo, dormir) _ _ _ _ _ _ mal por la noche.

n. Y (estar) _ _ _ _ _ _ tan tenso que no (saber) _ _ _ _ _ qué (hacer) _ _ _ _ _ ," confesó.

o. "Entonces le (comentar) _ _ _ _ _ _ a Anke lo que me (estar) _ _ _ _ _ _ ocurriendo."

65. ¿INDEFINIDO O IMPERFECTO? Übersetzen Sie in die richtige Zeitform!

a. In der Fahrschule begannen wir mit einfachen Übungen.

_____

b. Trotzdem war es nicht ganz so einfach.

_____

c. Und so begannen wir zunächst, außerhalb der Stadt zu fahren.

_____

d. Der Fahrlehrer war sehr geduldig.

_____

e. Ich merkte, dass wir uns sehr konzentrieren mussten.

_____

f. Zum Schluss lobte mich der Fahrlehrer.

_____

g. Meine erste Fahrstunde war ein schönes Ereignis.

_____

66. ¡El Indefinido! Bilden Sie die 3. Person Singular des Indefinido!

a. despedir -⌐- - - ➤
b. pedir -⌐- - - ➤
c. servir -⌐- - - ➤
d. concluir -⌐- - - ➤
e. estar -⌐- - - ➤
f. tener -⌐- - - ➤
g. dormir -⌐- - - ➤
h. acentuar -⌐- - - ➤
i. agorar -⌐- - - ➤
j. contar -⌐- - - ➤
k. errar -⌐- - - ➤
l. poder -⌐- - - ➤
m. poner -⌐- - - ➤
n. perder -⌐- - - ➤
o. oler -⌐- - - ➤

Lösung 67: a. ganò b. ha vencido c. abandonó, dirigió d. llegó e. ha ganado
f. ha empatado g. sucedió h. recibió i. ha logrado j. tomó k. ha vencido
l. ha podido m. han tenido n. ha perdido o. sucedió

Lösung 66: a. despidió b. pidió c. sirvió d. concluyó e. estuvo f. tuvo g. durmió
h. acentuó i. agoró j. contó k. erró l. pudo m. puso n. perdió o. olió

67. ¿PERFECTO COMPUESTO O INDEFINIDO? Setzen Sie die richtige Zeitform ein!

a. El Racing (ganar) _ _ _ _ _ _ _ dos de sus tres últimas visitas a El Molina.

b. (vencer) _ _ _ _ _ _ _ cuatro veces, perdido diez y empatado una.

c. Ramón (abandonar) _ _ _ _ _ la aldea y se (dirigir) _ _ _ _ _ al campo de fútbol.

d. Carmen (llegar) _ _ _ _ _ _ _ a las puertas cuando apenas clareaba el día.

e. El Racing no (ganar) _ _ _ _ _ _ _ ni perdido con este colegiado.

f. Rayo vallecano sólo (empatar) _ _ _ _ _ _ en Sevilla.

g. Y le (suceder) _ _ _ _ _ _ _ al Racing frente al Valencia.

h. Armando Barrasa (recibir) _ _ _ _ _ _ el pasado domingo una tarjeta roja en Vallecas.

i. En 15 encuentros, (lograr) _ _ _ _ _ _ _ como todo botín cinco empates.

j. Raúl me (tomar) _ _ _ _ _ _ _ de la mano.

k. El equipo asturiano no (vencer) _ _ _ _ _ _ _ nunca aún con este árbitro.

l. Y no (poder) _ _ _ _ _ _ _ sentarse hoy en el banquillo.

m. Tres de los últimos cuatro derbies (tener) _ _ _ _ _ _ _ un mismo resultado.

n. En casa el Deportivo no (perder) _ _ _ _ _ _ _ con Ansuategui Roca.

o. Le (suceder) _ _ _ _ _ _ _ al Sporting en Sarriá.

68. ¿PERFECTO O INDEFINIDO! Setzen Sie die richtige Zeitform ein!

a. Un ladrón (abrir) _ _ _ _ _ _ _ la ventana.

b. Sánchez Pizjuan (descubrir) _ _ _ _ _ _ _ el defecto en el coche.

c. Al Betis no le (ir) _ _ _ _ _ _ _ muy bien.

d. Los niños (robar) _ _ _ _ _ _ _ las joyas.

e. Esta vez no (poder) _ _ _ _ _ _ _ contar con Milla.

f. Ayer Alfredo y Rodrigo lo (vencer) _ _ _ _ _ _ _ definitivamente.

g. Polacos me (robar) _ _ _ _ _ _ _ el coche en este año.

h. En el año pasado me (demoler) _ _ _ _ _ _ _ un coche.

i. El Madrid (ganar) _ _ _ _ _ _ _ todos los encuentros dirigidos por este árbitros.

j. Los Rusos los (desterrar) _ _ _ _ _ _ _ a Siberia.

k. Nosotros no (encontrar) _ _ _ _ _ _ _ un lugar para aparcar la moto.

l. "Es el mejor Celta que (ver) _ _ _ _ _ _ _ desde que estoy aquí."

m. Esto (advertir) _ _ _ _ _ _ _ ayer el entrenador del Deportivo.

n. Esto no (hacer) _ _ _ _ _ _ _ más que empezar.

o. Nos (levantar) _ _ _ _ _ _ _ a las cinco de la madrugada.

Lösung 69: a. sirvieron b. aterrizó c. tuvimos d. despegó e. jugó f. hizo g. fue h. dio
i. llevaron j. subimos k. hice l. estuvimos m. ayudó n. esperaron o. resolvió

71. ¡EL PASADO! Bilden Sie spanische Sätze in der richtigen Vergangenheitsform!

a. Ludwig hat sich vorgenommen, ein halbes Jahr zu lernen.

_____

b. Roland hat versucht, sie anzurufen, weil er sie einladen wollte.

_____

c. Hast du vergessen, mir das Heft zu leihen?

_____

d. Du hast es richtig gemacht, gestern bei der Hitze zu Hause zu bleiben.

_____

e. Heinrich und Sandra waren sehr nervös, aber sie kamen noch rechtzeitig an.

_____

f. Sie hatten noch Zeit, Geschenke zu kaufen.

_____

g. Aber sie kauften nicht so viel.

_____

72. ¡EL FUTURO! Setzen Sie das Verb in das Futur!

a. Juan me molesta/_ _ _ _ _ _ _ _ constantemente.

b. Rodolfo llama/_ _ _ _ _ _ _ _ al médico.

c. Yo necesito/_ _ _ _ _ _ _ _ dinero.

d. Salimos/_ _ _ _ _ _ _ _ mañana temprano.

e. Miguel no tiene/_ _ _ _ _ _ _ _ tiempo mañana.

f. Se hace/_ _ _ _ _ _ _ _ un silencio muy grande.

g. Pongo/_ _ _ _ _ _ _ _ la joya en un banco.

h. Lo hacemos/_ _ _ _ _ _ _ _ rápidamente.

i. Félix y César suben/_ _ _ _ _ _ _ _ a la montaña.

j. El almacén está/_ _ _ _ _ _ _ _ cerrado.

k. Esperamos/_ _ _ _ _ _ _ _ que vuelvas pronto.

l. ¿Que dicen/_ _ _ _ _ _ _ _ sus padres?

m. ¿Que tenemos que/_ _ _ _ _ _ _ _ hacer mañana.

n. Enrique y Pablo esperan/_ _ _ _ _ _ _ _ que es práctico.

o. Agüeran/_ _ _ _ _ _ _ _ que hace mal tiempo.

Lösung 73: a. 3 b. 2 c. 1 d. 3 e. 1 f. 2

73. ¡EL FUTURO! Markieren Sie die Sätze mit dem richtigen Futur!

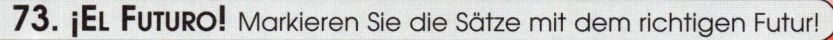

a. _____ Wir werden es morgen tun.

1. ⌣ Lo hacemos mañana.
2. ⌣ Lo haríamos mañana.
3. ⌣ Lo haremos mañana.

b. _____ Wie viel Geld wird er wohl verdienen?

1. ⌣ ¿Cuánto dinero gana?
2. ⌣ ¿Cuánto dinero ganará?
3. ⌣ ¿Cuánto dinero ganaría?

c. _____ Er hat wohl kein Geld.

1. ⌣ Será no tiene dinero.
2. ⌣ Sería no tiene dinero.
3. ⌣ No tiene dinero.

d. _____ Sie wird vielleicht kommen.

1. ⌣ A lo mejor vendría.
2. ⌣ A lo mejor venga.
3. ⌣ A lo mejor vendrá.

e. _____ Wird José Deutsch lernen?

1. ⌣ ¿Estudiará José alemán?
2. ⌣ ¿Estudia José alemán?
3. ⌣ ¿Estudiaría José alemán?

f. _____ Wir können heute ins Kino gehen.

1. ⌣ Podamos ir al cine hoy.
2. ⌣ Podremos ir al cine hoy.
3. ⌣ Podríamos ir al cine hoy.

74. ¡EL FUTURO! Übersetzen Sie in das Futur des Spanischen!

a. Wenn du nach Hause kommst, werde ich schon gegangen sein.

_____

b. Was sollen wir ihnen raten?

_____

c. Bei diesem Wetter werden sie wohl nicht gefahren sein.

_____

d. Das packe ich sofort, wenn es erst soweit ist.

_____

e. Bilardo wird der FIFA einen Vorschlag einreichen.

_____

f. Maria wird wohl noch nicht angekommen sein.

_____

g. Wenn die Gäste kommen, wird alles fertig sein.

_____

Lösung 75: a. Vicente y yo comeremos a un restaurante italiano. ¿Quien será a la puerta? Eduardo habrá estado en la oficina. Habré terminado mi trabajo mañana. Havelange dijo: "Volveré a ser candidato". f. Ernesto prometió: "Lo enviaré mañana". g. Cuando llegues, ya habré terminado la limpieza de la casa.

Lösung 74: a. Cuando vengas a casa, ya habré marchado. b. ¿Que les aconsejaremos?
c. Con este tiempo no habrán partido. d. Lo cogeré en seguida si esto sigue así.
e. Bilardo presentará a la FIFA una propuesta. f. María no habrá llegado todavía.
g. Cuando los invitados vengan, todo será preparado.

75. ¡EL FUTURO! Übersetzen Sie die Sätze ins Spanische!

a. Vinzenz und ich werden in einem italienischen Restaurant essen.

_____

b. Wer wird wohl an der Tür sein?

_____

c. Eduard wird im Büro gewesen sein.

_____

d. Ich werde morgen meine Arbeit beendet haben.

_____

e. Havelange sagte: "Ich werde wieder kandidieren."

_____

f. Ernst versprach: "Ich werde es morgen absenden."

_____

g. Wenn du ankommst, werde ich mit der Reinigung des Hauses schon fertig sein.

_____

78. ¡EL CONDICIONAL! Markieren Sie den Satz mit dem richtigen Konditional!

a. Man hätte uns verständigt.

1. ⏝ Nos hayan avisado.
2. ⏝ Nos habrían avisado.
3. ⏝ Nos habían avisado.

b. Wo sollte es gewesen sein?

1. ⏝ ¿Dónde habría sido?
2. ⏝ ¿Dónde hubiera sido?
3. ⏝ ¿Dónde habrá sido?

c. Nur Helena würde sich langweilen.

1. ⏝ Sólo Elena se aburría.
2. ⏝ Sólo Elena se aburrirá.
3. ⏝ Sólo Elena se aburriría.

d. Es war wohl ein Uhr, als ich ankam.

1. ⏝ Sería la una cuando llegué.
2. ⏝ Sea la una cuando llegué.
3. ⏝ Fue la una cuando llegué.

e. Hättest du die Wahrheit gesagt?

1. ⏝ ¿Habrás dicho la verdad?
2. ⏝ ¿Habrías dicho la verdad?
3. ⏝ ¿Habías dicho la verdad?

f. Du sagtest, dass du kommen würdest.

1. ⏝ Dijiste que vendrás.
2. ⏝ Dijiste que vinieras.
3. ⏝ Dijiste que vendrías.

Lösung 79: a. ha demostrado b. he comprado c. han trabajado d. hemos visto e. ha consolidado
f. ha dicho g. habéis olvidado h. ha encontrado i. hemos contemplado j. habéis escrito
k. he bebido l. ha dicho m. hemos calculado n. han vendido o. ha granjeado

79. FORMAS COMPUESTAS Setzen Sie das Verb im Perfekt ein!

a. Este año el Barcelona _ _ _ _ _ _ _ una regularidad.   **demostrar**

b. Me _ _ _ _ _ _ _ _ una computadora para mi negocio.   **comprar**

c. Hoy Miguel y Eugenio _ _ _ _ _ _ _ _ mucho.   **trabajar**

d. No olvidemos que le _ _ _ _ _ _ _ _ en el Camp Nou.   **ver**

e. Se _ _ _ _ _ _ _ _ durante el campeonato.   **consolidar**

f. Cristina _ _ _ _ _ _ _ _ que ayer se fue a bailar.   **decir**

g. ¿Isabel y Elena, _ _ _ _ _ _ _ _ nuestra cita?   **olvidar**

h. Guardiola también se _ _ _ _ _ _ _ _ en Barcelona.   **encontrar**

i. En el museo nos _ _ _ _ _ _ _ _ un cuadro de Goya.   **contemplar**

j. ¿Franco y Rodrigo, _ _ _ _ _ _ _ _ el ejercicio?   **escribir**

k. Pienso que _ _ _ _ _ _ _ _ demasiado.   **beber**

l. Ramón me _ _ _ _ _ _ _ _ que me dará quinientas pesetas.   **decir**

m. Pensamos que _ _ _ _ _ _ _ _ suficiente.   **calcular**

n. Las tiendas ya _ _ _ _ _ _ _ _ las ofertas.   **vender**

o. La acción _ _ _ _ _ _ _ algunas enemistades.   **granjear**

a. *Federico hatte es gekauft.*

     Federico lo _ _ _ _ _ _ _ _ .

b. *Maria war schon gegangen, als wir ankamen.*

     María ya se _ _ _ _ _ _ _ _ cuando nosotros llegamos.

c. *Ich hätte das Buch nicht gekauft.*

     Yo no _ _ _ _ _ _ _ _ el libro.

d. *Felix ging nach Hause zurück, weil er das Geld vergessen hatte.*

     Félix volvió a casa porque _ _ _ _ _ _ _ _ el dinero.

e. *Die Bank war schon geschlossen, als er ankam.*

     El banco ya _ _ _ _ _ _ _ _ cuando llegó.

f. *Meine Eltern hätten den Vertrag nicht unterschrieben.*

     Mis padres no _ _ _ _ _ _ _ _ el contrato.

g. *Das Vieh war schon ertrunken, als sie ankamen.*

     El ganado ya se _ _ _ _ _ _ _ _ cuando llegaron.

h. *Wenn schönes Wetter gewesen wäre, hätten wir einen Ausflug gemacht.*

     Si hubiera hecho buen tiempo _ _ _ _ _ _ _ _ una excursión.

Lösung 81: a. había comprado b. habían aterrizado c. habrías tenido d. había dormido
e. habríamos llegado, hubiera llevado f. habrías tenido g. habían asistido
h.hubieran contestado, habrían aprobado

81. ¡FORMAS COMPUESTAS! Setzen Sie die richtige Form ein!

a. Franz hatte das Auto schon gekauft, als wir ihn besuchten.

   Francisco ya _ _ _ _ _ _ _ _ el coche cuando le visitamos.

b. Als ich am Flughafen ankam, waren meine Eltern schon gelandet.

   Cuando llegé al aeropuerto mis padres ya _ _ _ _ _ _ _ _.

c. Du hättest warten müssen.

   _ _ _ _ _ _ _ _ que esperar.

d. An jenem Tag war ich sehr müde, weil ich die ganze Nacht nicht geschlafen hatte.

   Aquel día estaba muy cansado porque no _ _ _ _ _ _ _ en toda la noche.

e. Wir wären rechtzeitig angekommen, wenn der Zug nicht Verspätung gehabt hätte.

   _ _ _ _ _ _ _ _ a tiempo, si el tren no _ _ _ _ _ _ _ _ retraso.

f. Dieses Spiel hättest du sehen müssen.

   Este partido _ _ _ _ _ _ _ _ que ver.

g. Etwa 500 Personen sollen an der Veranstaltung teilgenommen haben.

   Aproximadamente 500 personas _ _ _ _ _ _ _ _ a la reunión.

h. Wenn sie alle Fragen beantwortet hätten, hätten sie die Prüfung bestanden.

   Si _ _ _ _ _ _ _ _ todas las preguntas, _ _ _ _ _ _ _ _ el examen.

Lösung 82: a. 2 b. 1 c. 3 d. 2 e. 1 f. 3

83. ¿FORMAS COMPUESTAS? Markieren Sie die richtigen Sätze!

a. Ich hätte das Geld angenommen.

1. ◡ Yo habrías aceptado el dinero.
2. ◡ Yo habriamos aceptado el dinero.
3. ◡ Yo habría aceptado el dinero.

b. Paco hätte das Geld nicht genommen.

1. ◡ Paco no habría aceptado el dinero.
2. ◡ Paco no habríais aceptado el dinero
3. ◡ Paco no habrían aceptado el dinero.

c. Hättet ihr das Geld angenommen?

1. ◡ ¿Habríamos aceptado el dinero?
2. ◡ ¿Habríais aceptado el dinero?
3. ◡ ¿Habrían aceptado el dinero?

d. Heute habe ich ein neues Auto gekauft.

1. ◡ Hoy ha comprado un nuevo coche.
2. ◡ Hoy has comprado un nuevo coche.
3. ◡ Hoy he comprado un nuevo coche.

e. Wir sind in Bochum angekommen.

1. ◡ Hemos llegado en Bochum.
2. ◡ Habéis llegado en Bochum.
3. ◡ Han llegado en Bochum.

f. Sie haben den Schmuck geklaut.

1. ◡ Ha robado las joyas.
2. ◡ Han robado las joyas.
3. ◡ Hemos robado las joyas.

85. ¿LA NEGACIÓN? Setzen Sie die richtigen Verneinungswörter ein!

a. Autos sind jetzt teurer als sonst etwas.
   Ahora los coches son más caros que _ _ _ _ _ _ _.

b. Jetzt verdient er mehr als je zuvor.
   Ahora gana más que _ _ _ _ _ _ _ .

c. In Deutschland lebe ich besser als in irgendeinem anderen Land.
   En Alemania vivo mejor que en _ _ _ _ _ _ _ otro país.

d. Ich habe nie jemanden mit diesen Fähigkeiten getroffen.
   No he encontrado _ _ _ _ _ _ _ a _ _ _ _ _ _ _ con esa capacidad.

e. Sie reden nie mit jemandem über etwas.
   _ _ _ _ _ _ _ hablan de _ _ _ _ _ _ _ con _ _ _ _ _ _ _ .

f. Ich habe kein bisschen Geld.
   _ _ _ _ _ _ _ tengo _ _ _ _ _ _ _ dinero.

g. Niemals in meinem Leben habe ich eine dreckigere Person gesehen als sie.
   _ _ _ _ _ _ _ _ _ he visto una persona más sucia que ella.

h. Das gefällt uns überhaupt nicht.
   Eso _ _ _ _ _ _ _ nos gusta _ _ _ _ _ _ _ _ _ .

86. ¿LA NEGACIÓN? Verneinen Sie durch Einsetzen der richtigen Vorsilbe!

a. Los jugadores luchan _ _ _ _ placable.

b. Raúl se vio en la situación para _ _ _ _ mentir la imagen que se daba de él.

c. Los emocionales _ _ _ _ cubren su personalidad sensible.

d. Fuera de ese papel, parece _ _ _ _ cómodo, más preocupado por...

e. Los defensores _ _ _ _ ampararon la fortaleza ante el ataque enemigo.

f. No han podido _ _ _ _ acoplar el vehiculo espacial de la nave.

g. Su conducta es totalmente _ _ _ _ moral.

h. Se _ _ _ _ turulla cuando habla en público.

i. En clase siempre está _ _ _ _ sente.

j. Está ante la _ _ _ _ yuntiva de irse o quedarse.

k. Los sindicatos están _ _ _ _ conformes con el plan de trabajo.

l. Esta página es _ _ _ _ legible, las letras están borrosas.

m. Los padres han estado muy _ _ _ _ paciente con el niño.

n. Conquistaba a las muchachas con una _ _ _ _ imitable sonrisa.

o. El comportamiento del jugador es _ _ _ _ racional.

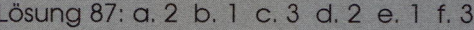
Lösung 87: a. 2 b. 1 c. 3 d. 2 e. 1 f. 3

Lösung 86: a. implacable b. desmentir c. descubren d. incómodo e. desampararon
f. desacoplar g. amoral h. l i. ausente j. disyuntiva k. disconformes l. ilegible
m. impaciente n. inimitable o. irracional

87. ¿LA NEGACIÓN? Markieren Sie die richtige spanische Verneinung!

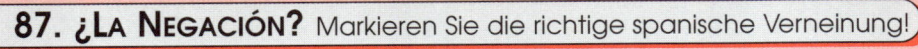

a. Ich habe keinerlei Interesse.

1. ⌣ No tengo algún interés.
2. ⌣ No tengo interés alguno.
3. ⌣ Tengo no algún interés.

b. Ich habe keinen Menschen gesehen.

1. ⌣ No he visto a persona alguna.
2. ⌣ He visto a persona alguna.
3. ⌣ He visto a ninguna persona.

c. Es gibt kein Problem.

1. ⌣ Hay problema ninguno.
2. ⌣ Ningún problema hay.
3. ⌣ No hay problema alguno.

d. Wir wissen es auch nicht.

1. ⌣ Lo sabemos tampoco.
2. ⌣ No lo sabemos tampoco.
3. ⌣ No lo sabemos.

e. Kein Mensch wollte ihm helfen.

1. ⌣ Ninguna persona quiso ayudarle.
2. ⌣ Quiso ayudarle ninguna persona.
3. ⌣ No persona quiso ayudarle.

f. Er hat nicht einmal ein Auto.

1. ⌣ Un coche tiene ni siquiera.
2. ⌣ Tiene ni siquiera un coche.
3. ⌣ No tiene ni siquiera un coche.

89. ¡LA VOZ PASIVA! Setzen Sie das Passiv in der richtigen Form ein!

a. *Das Fernsehgerät ist schon eingeschaltet.*

      El televisor ya _ _ _ _ _ _ _ _ _ .

b. *Roland und Ernst waren vom Panorama beeindruckt.*

      Roldán y Ernesto _ _ _ _ _ _ _ _ _ _ por el panorama.

c. *Die Verträge sind bereits ausgefertigt.*

      Los contratos ya _ _ _ _ _ _ _ _ _ _ .

d. *Alle Autos waren schon vom Mechaniker repariert.*

      Todos los coches ya _ _ _ _ _ _ _ _ _ _ por el mecánico.

e. *Das Haus ist bereits verkauft.*

      La casa ya _ _ _ _ _ _ _ _ _ _ .

f. *Ein großer Teil Lissabons wurde durch ein Feuer zerstört.*

      Gran parte de Lisboa _ _ _ _ _ _ _ _ _ _ por un fuego.

g. *Die Rechnung wurde von Alfred bezahlt.*

      La factura _ _ _ _ _ _ _ _ por Alfredo.

90. ¡LA VOZ PASIVA! Setzen Sie die richtigen Passiv-Ersatzformen ein!

a. Die Motorräder wurden im Sommer gekauft.

_ _ _ _ _ _ _ _ _ _ las motos en el verano.

b. Und im Winter wurden die Motorräder wieder verkauft.

Y _ _ _ _ _ _ _ _ _ _ las motos en cambio en el invierno.

c. In Spanien wird spanisch (kastilisch) gesprochen.

En España _ _ _ _ _ _ _ _ _ _ español (castellano).

d. Das Essen wird um Punkt ein Uhr serviert.

_ _ _ _ _ _ _ _ _ _ la comida a la una en punto.

e. Autos und Motorräder werden vermietet.

_ _ _ _ _ _ _ _ _ _ coches y motos.

f. Zweihundert Personen wurden bei der Panik verletzt.

Doscientas personas _ _ _ _ _ _ _ _ _ _ con el pánico.

g. Diese Partei wird von der Bevölkerung auch weiterhin bevorzugt.

Este partido _ _ _ _ _ _ _ _ _ _ por la población.

Lösung 91: a. ha sido enviada b. ha sido edificado c. había sido visto d. fueron destruidas
e. han sido reemplazados f. ha sido firmada g. fueron construidos

92. LA VOZ PASIVA Ersetzen Sie die passivischen Formen!

a. El libro fue escrito en 1984.

_ _ _ _ _ _ _ _ _ _ _ el libro en 1984.

b. Los cinco pisos fueron vendidos en el otoño.

_ _ _ _ _ _ _ _ _ _ los cinco pisos en el otoño.

c. Los presentes fueron invitados.

_ _ _ _ _ _ _ _ _ _ _ a los presentes.

d. Ellos fueron invitados a una copa.

_ _ _ _ _ _ _ _ _ _ _ a una copa.

e. La votación del consejo directivo ha sido anulada.

_ _ _ _ _ _ _ _ _ _ la votación del consejo directivo.

f. En esta carnicería es vendida la carne de cerdo muy barata.

En esta carnicería _ _ _ _ _ _ _ _ _ _ _ la carne de cerdo muy barata.

g. Los objetos perdidos no fueron hallados.

No _ _ _ _ _ _ _ _ _ _ _ los objetos perdidos.

Lösung 93: a. El jugador recogió la pelota. b. Los negociadores han presentado las conclusiones. c. Mi primo publicará un trabajo el año que viene. d. Visitaron a los enfermos. e. El juez pronunció la sentencia. f. El delegado abrió la sesión. g. El general arengó a los soldados.

93. LA VOZ PASIVA Verwandeln Sie die Passivsätze in Aktivsätze!

a. La pelota fue recogida por el jugador.

_____.

b. Las conclusiones han sido presentadas por los negociadores.

_____.

c. Un trabajo será publicado por mi primo el año que viene.

_____.

d. Los enfermos fueron visitados.

_____.

e. La sentencia fue pronunciada por el juez.

_____.

f. La sesión fue abierta por el delegado.

_____.

g. Los soldados fueron arengados por el general.

_____.

95. ¡LAS PREPOSICIONES! Setzen Sie die richtige Präposition ein!

a. El obrero está _ _ _ _ _ _ el andamio.

b. Empiezan una campaña _ _ _ _ _ _ _ el cáncer.

c. Ya puedes reservar tus billetes _ _ _ _ _ _ _ el fin del milenio.

d. Tyson se vuelve _ _ _ _ _ _ _ derrumbar _ _ _ _ _ _ _ deudas y condenas.

e. Escocia no pasa apuros _ _ _ _ _ _ _ Gales.

f. El boxeador regresa _ _ _ _ _ _ _ la cárcel _ _ _ _ _ _ _ su reciente reaparición.

g. Hay nuevas esperanzas _ _ _ _ _ _ _ Brasil.

h. La condena podría subir _ _ _ _ _ _ _ los 20 años de prisión.

i. _ _ _ _ _ el último combate _ _ _ _ _ _ Botha ganó 1.500 millones de pesetas.

j. Fumabas un cigarro _ _ _ _ _ _ _ otro.

k. H.M. se ha recuperado _ _ _ _ _ tiempo _ _ _ _ _ _ brillar.

l. Podría pelar _ _ _ _ _ Las Vegas _ _ _ _ _ _ _ un rival aún _ _ _ _ _ decidir.

m. _ _ _ _ _ _ _ ganar a la J.N. se clasificó_ _ _ _ _ _ _ las semifinales.

n. Segundo es el Chelsea, _ _ _ _ _ cuatro puntos y _ _ _ _ _ _ un partido menos.

o. Se afinazó como lider _ _ _ _ _ _ _ la Liga inglesa.

a. He llamado **para/por** felicitarte.
b. Mi hermano estudia **para/por** ser ingeniero.
c. El edificio fue construido **para/por** un buen arquitecto.
d. Mañana vamos a Madrid **para/por** Ávila.
e. Tenemos un mensaje **para/por** Eduardo.
f. ¿Vuestro candidato no salió **para/por** ministro?
g. Lo he sabido **para/por** tu cuñado.
h. Acabamos las obras **para/por** la Semana Santa.
i. ¿Quién eres tú **para/por** darme órdenes?
j. Mañana **para/por** la mañana vamos a Salamanca.
k. Tienen muchos asuntos **para/por** resolver.
l. **Para/por** mi es un trabajo normal.
m. ¿**Para/por** qué no te has marchado?
n. Me llevaré el jersey **para/por** si hace frio.
o. El alcalde prometió **para/por** vida.

Lösung 97: a. según b. sobre c. entre d. de, sin e. por f. con g. ante h. para i. a, sin
j. para k. según l. a m. con n. entre o. en, de

Lösung 96: a. para b. para c. por d. por e. para f. para g. por h. para
i. para j. por k. por l. para m. por n. por o. por

97. ¡LAS PREPOSICIONES! Setzen Sie die richtigen Präpositionen ein!

a. El accidente ocurrió en la cruce _ _ _ _ _ _ _ la policía.

b. La revista está _ _ _ _ _ _ _ la mesa.

c. _ _ _ _ _ _ _ Eduardo y Francisco hay divergencias.

d. Ramón irá _ _ _ _ _ vacaciones _ _ _ _ _ _ la familia.

e. La vitrina está rota _ _ _ _ _ _ _ mi culpa.

f. Matilde y Inés tragajan _ _ _ _ _ _ _ entusiasmo.

g. Tuvimos que retroceder _ _ _ _ _ _ _ el fuerte ataque enemigo.

h. Me gusta tu método _ _ _ _ _ _ _ aprender español.

i. ¡Ven _ _ _ _ _ probar _ _ _ _ _ ningún compromiso!

j. La elección es la primera prueba _ _ _ _ _ _ _ Schröder.

k. Esta es la moral, _ _ _ _ _ _ _ Álvarez Cascos.

l. Es un fármaco que enseña _ _ _ _ _ _ _ adelgazar.

m. Se suceden los enfrentamientos _ _ _ _ _ _ _ la policía.

n. Sepi busca un pacto _ _ _ _ _ British y los socios españoles.

o. Retraso _ _ _ _ _ _ _ la venta _ _ _ _ _ _ _ Iberia.

Lösung 98: a. en, de b. en, a c. hacia d. sobre e. del f. en g. para h. a, de i. para
j. por k. con, de l. para m. de n. sobre o. a, en

99. ¿EN, DE, A? Markieren Sie die richtige Präposition!

a. Había graves irregularidades **en/de/a** la ayuda.

b. El rey **en/de/a** la NBA se despide.

c. Un pintor **en/de/a** (el) paraíso de las moscas.

d. El príncipe Abdalá asume el poder **en/de/a** Jordania.

e. Los Gobiernos europeos abusan **en/de/a** las ayudas.

f. Hay que castigar **en/de/al** (el) estadista inhumano.

g. La memoria de la guerra civil llega **en/de/a** Internet.

h. Los niños hacen temblar **en/de/a** Francia.

i. La ayuda en/de/a la EU **en/de/a** las nucleares del Este.

j. El PP se despega del PSOE **en/de/a** 7,9 puntos.

k. Amman, en el punto **en/de/a** mira **en/de/a** los halcones.

l. Es fácil imaginar contra quien cree EEUU proteger **en/de/a** Jordania.

m. Anuncio **en/de/a** la Comunidad Árabe Siria **en/de/a** España.

n. Orfandad popular y fuga **en/de/a** capitales.

o. Seción **en/de/a** video **en/de/a** el Senado.

101. ¿LAS PREPOSICIONES? Setzen Sie die richtige Präposition ein!

a. El negro que pasaba _ _ _ _ _ _ _ allí.

b. Buena valoración _ _ _ _ _ _ _ la situación económica.

c. La opinión _ _ _ _ _ _ _ la gestión del gobierno apenas mejora.

d. Amenaza _ _ _ _ la candidata del PP _ _ _ _ la alcaldía _ _ _ _ San Sebastian.

e. Propone una reforma federal _ _ _ _ _ _ _ consolidar España.

f. Críticas _ _ _ _ _ la politica del Gobierno _ _ _ _ _ _ _ los nacionalistas.

g. Los jefes eran despedidos _ _ _ _ _ _ _ reducir gastos.

h. Las compañias están optando _ _ _ _ _ un método drástico _ _ _ _ _ reducir gastos.

i. Presenta las teorías del D.G. _ _ _ _ _ _ _ la inteligencia.

j. Apunta ahora _ _ _ _ _ _ _ el cable.

k. Hay nuevas esperanzas _ _ _ _ _ _ _ Brasil.

l. Continúan las negociaciones _ _ _ _ _ _ _ el FMI y el país latinoamericano.

m. Empresas que invierten _ _ _ _ _ _ _ ideas avanzadas.

n. Bajo nivel de idiomas _ _ _ _ _ _ _ los ejecutivos.

o. Paradas _ _ _ _ _ _ _ marcha por la red.

a. Es el plan de su autonomía **con/sin** la máxima securidad.

b. **Con/sin** pretender una perfección que, **con/sin** embargo, está ahí.

c. **Con/sin** Felicia puedes tener un coche justo a la medida de cada situación.

d. Por fin, es una ampliación **con/sin** problemas.

e. Z&B los pondrá a tu disposición **con/sin** unas condiciones extraordinarias.

f. Al mar hay que tratarlo **con/sin** naturalidad.

g. Ramón ha culminado **con/sin** éxito su carrera.

h. Ricardo trabajó once años en la empresa **con/sin** reclamaciones.

i. La española lucha **con/sin** los propietarios.

j. El obrero salió **con/sin** que lo vieran.

k. A él le basta **con/sin** mirarlo.

l. No me voy **con/sin** ver a Enrique.

m. Todo su vida Rosalía estudió **con/sin** maestro.

n. ¡Gana **con/sin** N. una V. **con/sin** 100.000 pesetas!

o. Agustín ha estado un mes **con/sin** fumar.

Lösung 103: a. hacia b. de c. a, con d. en e. por f. hasta g. de h. para, en, en
i. hacia j. para k. hasta l. a m. para n. a, de o. en, en

103. ¡LAS PREPOSICIONES! Setzen Sie die richtige Präposition ein!

a. El almuerzo será aproximadamente _ _ _ _ _ _ _ las dos.

b. Soy el perfecto compañero _ _ _ _ _ _ _ viaje.

c. Íbamos _ _ _ _ _ _ _ _ hablar _ _ _ _ _ _ _ los obreros del puerto.

d. Pero tampoco intervine _ _ _ _ _ _ _ una lucha.

e. Un escritor es una persona que, _ _ _ _ _ _ _ tanto, quiere cambiar el mundo.

f. Inés paseó _ _ _ _ _ _ _ la ciudad.

g. Escribir _ _ _ _ _ _ _ forma ascura es muy facil.

h. Me di todas las ventajas _ _ _ _ que _ _ _ _ casa me dejan _ _ _ _ paz.

i. Su actitud _ _ _ _ _ _ _ los estudios ha sido siempre muy positiva.

j. Gana 100.000 pesetas al mes _ _ _ _ _ _ _ toda la vida.

k. Jorge, Miguel y Federico espererán _ _ _ _ _ _ _ las nueve.

l. Lo he escrito _ _ _ _ _ _ _ ritmo rápido.

m. Un escritor es una persona que no sirve _ _ _ _ _ _ _ nada.

n. Infórmate _ _ _ _ _ _ _ tu estanco, _ _ _ _ _ _ _ el 901 180!

o. Y asi iba _ _ _ _ _ _ _ salvar obreros al Grau y _ _ _ _ _ _ _ putas al barrio chino.

a. Camus es uno _ _ _ _ _ _ _ esos autores.

b. Lo pequeño _ _ _ _ _ _ fuera se hace grande _ _ _ _ _ _ _ dentro.

c. Rompe _ _ _ _ _ _ todo, ahora tienes la nueva Felicia.

d. El verbo es lo que tira _ _ _ _ _ la acción del párrafo _ _ _ _ _ la literatura anglosajona.

e. Quien tenía esto _ _ _ _ _ _ _ grado máximo era Baroja.

f. Cuyos personajes son buenos o malos _ _ _ _ _ _ _ la acción que realizan.

g. La literatura latina es más _ _ _ _ clima y _ _ _ _ él se mueven los personajes.

h. Lo cuenta como un momento _ _ _ _ _ gozo, _ _ _ _ _ exaltación del sexo.

i. Bioy dijo una vez que el objetivo _ _ _ _ _ su vida había consistido _ _ _ _ armar _ _ _ _ _ las mujeres y _ _ _ _ _ encontrar una estratagema _ _ _ _ _ evitar la muerte.

j. Luego, _ _ _ _ _ la penicilina y la higiene, la vida se alarga.

k. Es la diferencia _ _ _ _ _ _ _ hombres y mujeres.

l. La mujer no tiene tanto _ _ _ _ cuenta el aspecto físico _ _ _ _ un hombre.

Lösung 105: a. 2 b. 1 c. 3 d. 1 e. 2 f. 3

Lösung 106: a. dos hijos y una hija b. un empleado c. el resultado d. a un empleado
e. dos hermanos y dos hermanas f. a España g. a otro médico

107. ¿LAS CONJUNCIONES? Setzen Sie die richtigen Konjunktionen ein!

a. _ _ _ _ _ _ han robado el coche _ _ _ _ _ _ el ordenador.   **nicht nur...sondern auch**

b. Enrique _ _ _ _ me escribe _ _ _ _ me llama por teléfono.   **nicht, auch nicht**

c. _ _ _ _ _ Ramón _ _ _ _ _ Rodolfo son de Oviedo.   **sowohl...als auch**

d. _ _ _ _ _ _ _ _ su hermana viene.   **auch nicht**

e. _ _ _ _ Rodrigo _ _ _ _ Francisco lo quieren.   **weder...noch**

f. He llamado por teléfono seis _ _ _ _ _ siete veces.   **oder**

g. Trabaja _ _ _ _ _ en Autria _ _ _ _ _ en Alemania.   **teils...teils**

h. _ _ _ _ tiene un gran coche, o _ _ _ _ es un mentiroso.   **entweder...oder**

i. Vamos a comprar los libros _ _ _ en Oviedo _ _ _ en Gijón.   **entweder...oder**

j. _ _ _ _ tiene sed _ _ _ _ tiene hambre.   **mal...mal**

k. El computador es barato, _ _ _ _ _ _ _ _ , no lo compra.   **trotzdem**

l. Federico habló, _ _ _ _ _ _ _ _ nadie escuchó.   **aber**

m. Carmen quiere verle, _ _ _ _ _ _ _ _ es su padre.   **immerhin**

n. _ _ _ _ _ dice que si, _ _ _ _ _ dice que no.   **mal...mal**

o. Raúl no tiene tiempo, _ _ _ _ _ _ _ _ va.   **folglich**

108. ¡LAS CONJUNCIONES! Indikativ oder Konjunktiv? Markieren Sie!

a. Cuando **tenga/tengo** el dinero compraré el coche.
b. Antes que te **casas/cases,** mira lo que haces.
c. Cuando **tengamos/tenemos** el coche transportamos las cosas.
d. Cuando **estoy/esté** enfermo, no trabajo.
e. Después de que **había salido/hubiera salido**, buscamos el dinero.
f. Desde que me **dedico/dedique** al deporte, estoy contento.
g. Tan pronto como lo **sabes/sepas** me informarás.
h. Mientras **haces/hagas** los ejercicios de escritura, José te arreglará la moto.
i. Antes de que **vuelves/vuelvas** a casa compra la revista.
j. En cuanto **llega/llegué**, se lo diré.
k. Cuando lo **vea/ve**, te llamaré.
l. Antes de que **sales/salgas** cierra la puerta.
m. Tan pronto como **habían salido/hubieran salido** comíamos.
n. El hombre está muy contento, desde que **tiene/tenga** trabajo.
o. Espero siempre hasta que Wilfredo **llama/llame** por teléfono.

Lösung 109: a. Mi hija no estudia mucho, sin embargo saca buenas notas. b. Francisco y Federico son de Oviedo. c. Rodrigo tambien tiene miedo ahora. d. Elena y Dolores van a pasar las vacaciones en verano u otoño. e. No tenemos tiempo, pues vamos. f. Manuel tiene dolores de cabeza, por eso no puede pensar. g. Félix tiene dinero, luego puede pagar. h. No lo concibo, por tanto no puedo decidirme.

109. LAS CONJUNCIONES Sätze mit dem spanischen Konjunktiv bilden.

a. Meine Tochter lernt nicht viel, trotzdem bekommt sie gute Noten.

_____.

b. Francisco und Federico sind aus Oviedo.

_____.

c. Rodrigo hat jetzt auch Angst.

_____.

d. Elena und Dolores machen im Sommer oder Herbst Urlaub.

_____.

e. Wir haben keine Zeit, also gehen wir.

_____.

f. Manuel hat Kopfschmerzen, deshalb kann er jetzt nicht denken.

_____.

g. Felix hat Geld, also/folglich kann er auch bezahlen.

_____.

h. Das kann ich mir nicht vorstellen, daher kann ich mich nicht entscheiden.

_____.

110. ¡LA CONJUNCIÓN! Indikativ oder Konjunktiv? Markieren Sie!

a. Adolfo quiere que todos **trabajen/trabajan**.

b. Esta vez ha escrito de manera que **puedo/pueda** leer el apunte.

c. Rodolfo teme que no le **renuevan/renueven** el contrato.

d. Ha arreglado de manera que se **puede/pueda** conducir el coche.

e. Le ruego a Francisco que me lo **manda/mande** .

f. Estaban tan sorprendidos que no **pudieron/pudieran** decir ni una sola palabra.

g. Es difícil que mi hermana **cambie/cambia** de opinión.

h. Es también poco probable que mi hermano **hace/haga** eso.

i. Es urgente que **llames/llamas** al médico.

j. El profesor de conducción lo ha explicado de manera que **puedo/pueda** entenderlo.

k. Es mejor que **escribimos/escribamos** las notas mañana.

l. El médico me ha tratado de manera que ahora no **tengo/tenga** sufrimiento.

m. Es necesario que lo **hagamos/hacemos** mañana.

n. Es preciso que lo **haces/hagas** hoy.

o. Rodrigo dice que el abuelo lo **sabe/sepa**.

Lösung 111: a. tiene b. hayan despedido c. hace d. haya tenido e. haga f. está
g. diga h. trabajes i. llueve j. preparaba k. hayan arreglado l. tenía
m. estemos n. llegó o. llegue

111. ¡LAS CONJUNCIONES! Indikativ oder Konjunktiv? Markieren Sie!

a. Vicente dice que Carola **tiene/tenga** mucho dinero.

b. Es injusto que **han despedido/hayan despedido** a Carlos.

c. Gustavo dice que la abuela lo **haga/hace**.

d. Es extraño que esa película **ha tenido/haya tenido** un gran éxito.

e. Mañana trabajaremos en el jardín, a no ser que **haga/hace** mal tiempo.

f. Mi hermano no habla bien el alemán, a pesar de que **está/esté** ya un año en Austria.

g. Tan pronto como lo **diga/dice** te llamaré.

h. Mientras **trabajes/trabajas** prepararé yo la comida.

i. Como **llueve/llueva**, no tengo ganas de pasearme.

j. Mientras mi padre **preparaba/preparara** el coche, hacíamos las maletas.

k. Esperaremos hasta que **hayan arreglado/han arreglado** el coche.

l. Tan pronto **tenía/tuviera** dinero, volvían los amigos.

m. Después de que **estemos/estamos** en casa, comeremos un poco.

n. En cuanto **llegó/llegara** el autobús, subió.

o. En cuanto **llegue/llega** el autobús se lo diré

a. Ich habe keine Lust dazu, trotzdem werde ich es machen.

_ .

b. So, wie Tomás es macht, kannst du es auch tun.

_ .

c. Sandra drehte sich um, damit Raúl die Tränen nicht sehen konnte.

_ .

d. Jetzt mach es so, wie er es auch machen würde.

_ .

e. Wir sprachen leise, damit die Kinder nicht aufwachten.

_ .

f. Wie Juan Ramón sagt, ist er verletzt.

_ .

g. Wir konnten die Fahrstunde beenden, ohne dass es regnete.

_ .

Lösung 115: a. hubiera b. perdiera c. fuéramos d. hubieras e. lloviera f. fuera
g. demostrara h. ordenaran i. hagas j. me invite k. nos hubiera dicho
l. hayas terminado m. llueva n. se presente o. haya

Lösung 114: a. No me da la gana, sin embargo voy a hacerlo. b. Así como Tomás lo hace, también lo puedes hacer tú. c. Sandra se volvió para que Raúl no viera las lágrimas. d. Ahora hazlo, así como él lo haga también. e. Hablábamos bajo, para que no se despertaran los niños. f. Según Juan Ramón dice, está herido. g. Pudimos terminar la clase de conducir, sin que lloviera.

115. ORACIONES CONDICIONALES Setzen Sie die Verbform ein!

a. Si lo (haber) _ _ _ _ _ _ sabido, no habría venido.

b. Si (perder) _ _ _ _ _ _ esa oportunidad, no se le presentería otra.

c. Si (ir) _ _ _ _ _ _ por ese camino, nos perderíamos.

d. Si (haber) _ _ _ _ escuchado mis consejos, no habrías tenido esos problemas.

e. El domingo iríamos de excursión, salvo si (llover) _ _ _ _ _ _.

f. Sólo si la crítica (ser) _ _ _ _ _ _ buena, iría a ver la película.

g. Creería su versión de los hechos, salvo si (demostrarse)_ _ _ _ _ lo contrario.

h. Lo haría sólo si me lo (ellos, ordenar) _ _ _ _ _ _.

i. Te aprobaré siempre y cuando (tú, hacer) _ _ _ _ _ _ un buen examen.

j. Le regalaré un ramo de rosas siempre y cuando (ella, invitarme) _ _ _ _ _ _.

k. Hubiéramos confiado en él siempre que (él, decirnos) _ _ _ _ _ _ la verdad.

l. Te llevaremos al cine siempre que (tú, terminar) _ _ _ _ _ _ de estudiar.

m. El campo de fútbol estará bien siempre que no (llover) _ _ _ _ _ _.

n. En el caso de que no (él, presentarse) _ _ _ _ _ al examen, no podrá aprobar.

o. En caso de que no (él, haber) _ _ _ _ _ _ venido antes de las dos, me iré.

116. ANTES DE QUE ODER ANTES DE? Entscheiden Sie!

a. _ _ _ _ _ _ _ _ _ _ _ _ (él, venir), tenemos que prepararle una sorpresa.

b. _ _ _ _ _ _ _ _ _ _ _ _ (yo, cruzar) la calle, miro a la derecha y a la izquierda.

c. Nos fuimos de casa, _ _ _ _ _ _ _ _ _ _ _ _ (llegar, Juan).

d. _ _ _ _ _ _ _ _ _ _ _ (tú, ir), debes hacer la traducción del francés.

e. _ _ _ _ _ _ _ _ _ _ _ (yo cerrar) la puerta compruebo si he cogido las llaves.

f. _ _ _ _ _ _ _ _ _ _ _ (amanecer), tenemos que emprender el viaje.

g. Hay que irse _ _ _ _ _ _ _ _ _ _ _ _ (ellos, venir).

h. _ _ _ _ _ _ _ _ _ _ _ _ (él te lo, decir), yo ya lo sabía.

i. Hazlo _ _ _ _ _ _ _ _ _ _ (ser) demasiado tarde.

j. _ _ _ _ _ _ _ _ _ _ _ _ (volver) los niños, tenemos que ordenar la casa.

k. _ _ _ _ _ _ _ _ _ _ _ él la (ver), ella se escondió detrás de la puerta.

l. _ _ _ _ _ _ _ _ _ _ _ (irte) de vacaciones, tengo que hablar contigo.

m. _ _ _ _ _ _ _ _ _ _ _ (tú, ir) a su casa llama por teléfono para saber si está.

n. _ _ _ _ _ _ _ _ _ _ _ (tú, sentarte) a la mesa tienes que lavarte las manos.

o. Llegamos a la estación _ _ _ _ _ _ _ _ _ _ _ (partir) el Talgo.

Lösung 117: a. después de que terminamos b. después que ... haya c. después de venir d. después de que ... había sido extinguido e. después de comer f. después de pasar g. después de que vengas h. después de comer i. después que sale j. después de llegar k. después (de) que pase l. después de que Juan hubo terminado m. después de estudiar n. después de llegar o. después de hablar

Lösung 116: a. antes de que venga b. antes de cruzar c. antes de que llegara/antes de llegar Juan
d. antes de ir e. antes de cerrar f. antes de que amanezca g. antes de que vengan h. antes de que te lo
dijera i. antes de que sea j. antes de que vuelvan k. antes de que la viera l. antes de irte/antes de que te
vayas m. antes de ir n. antes de sentarte o. antes de que partiera

117. DESPUÉS (DE) QUE ODER DESPUÉS DE? Was ist richtig?

a. _ _ _ _ _ _ _ _ _ _ _ (nosotros, terminar) de comer, nos invitaron a tomar café.

b. Iremos a París, _ _ _ _ _ _ _ mi hermano _ _ _ _ _ _ (haber) terminado los exámenes.

c. _ _ _ _ _ _ _ _ _ _ (ella, venir) de Inglaterra, se puso a enseñar inglés.

d. _ _ _ _ _ _ _ _ _ _ el fuego _ _ _ _ _ (ser extinguido), aún perduraba un humo negro.

e. _ _ _ _ _ _ _ _ _ (nosotros, comer) nos echamos la siesta.

f. _ _ _ _ _ _ _ _ _ (yo, pasar) el control de pasaportes, le dije adiós con la mano.

g. _ _ _ _ _ _ _ _ _ (tú, venir), hablaremos del asunto.

h. _ _ _ _ _ _ _ _ _ (ellos, comer), se fueron de paseo.

i. Nos ponemos en camino _ _ _ _ _ _ _ _ _ _ (salir) el sol.

j. _ _ _ _ _ _ _ _ _ (él, llegar) a las nueve de trabajar, no tenía ganas de salir.

k. Quedará buen día _ _ _ _ _ _ _ _ _ (pasar) la tormenta.

l. Fuimos a París _ _ _ _ _ _ _ _ _ Juan _ _ _ _ _ _ _ _ _ terminado sus exámenes.

m. Ceno _ _ _ _ _ _ _ _ _ (yo, estudiar) las lecciones.

n. _ _ _ _ _ _ _ _ _ (ella, llegar) a casa me llamó.

o. _ _ _ _ _ _ _ _ _ (él, hablar), se dio cuenta de su error.

119. ORACIONES FINALES Setzen Sie die richtige Verbform ein!

a. Haz favores para que te los _ _ _ _ _ _ _ _ _ (pagar) así.

b. Para que no me _ _ _ _ _ _ _ _ _ (pinchar) más le regalaré bombones.

c. Acércate que te _ _ _ _ _ _ _ _ _ (ver).

d. Hay que unirlos porque _ _ _ _ _ _ _ _ _ (ser) posible designar un sucesor.

e. Insisto para que me _ _ _ _ _ _ _ _ _ (tú, decir) la verdad.

f. Ven con tu problema a que te lo _ _ _ _ _ _ _ _ _ (yo, explicar).

g. Tráeme tu reloj para que te lo _ _ _ _ _ _ _ _ _ (yo, arreglar).

h. El policía detiene los coches para que _ _ _ _ _ _ _ _ _ (cruzar) los peatones.

i. El policía detuvo los coches para que _ _ _ _ _ _ _ _ _ (cruzar) los peatones.

j. Regamos las plantas para que _ _ _ _ _ _ _ _ _ (crecer).

k. Te he traído una novela para que la _ _ _ _ _ _ _ _ _ (leer).

l. Invitamos a nuestros amigos para que _ _ _ _ _ _ _ _ _ (conocer) nuestra casa.

m. Vengo a que me _ _ _ _ _ _ _ _ _ (tú, devolver) los libros.

n. Te prestaré el dinero a fin de que _ _ _ _ _ _ _ _ _ (poder) pagar tus deudas.

o. Me llamó para que la _ _ _ _ _ _ _ _ _ (acompañar) a la fiesta.

121. ORACIONES CONCESIVAS Setzen Sie die fehlende Verbform ein!

a. Aunque _ _ _ _ _ (haber) niebla, el avión podrá aterrizar.

b. Aunque había niebla, el avión _ _ _ _ _ (poder) aterrizar.

c. Aunque _ _ _ _ _ (haber) niebla, el avión podría aterrizar.

d. Aunque hubiera habido niebla, el avión _ _ _ _ _ (haber) podido aterrizar.

e. Aunque esté (él) enfermo, _ _ _ _ _` (venir) a la reunión.

f. Aunque _ _ _ _ _ (él, estar) él enfermo, viendría a la reunión.

g. Aunque él _ _ _ _ _ (haber) estado enfermo, habría venido a la reunión.

h. Aunque me _ _ _ _ _ (dar) un millón de pesetas, no lo haría yo.

i. Aunque _ _ _ _ _ (vivir) cerca, llegaría siempre tarde.

j. Aunque hubiera vivido cerca, _ _ _ _ _ (haber) llegado siempre tarde.

k. Aunque _ _ _ _ _ (llover), saldremos.

l. Aunque _ _ _ _ _ (haber) actuado muy bien, no vuelven a contratarlo.

m. Aunque _ _ _ _ _ (haber) saludado, no lo habría reconocido.

n. Aunque se lo _ _ _ _ _ (tú, decir) cien veces, nunca hace caso.

o. Tengo que ir aunque no _ _ _ _ _ (querer).

122. ORACIONES CONCESIVAS Setzen Sie das Verb in die richtige Form!

a. Aunque (ser) _ _ _ _ _ _ Nochebuena, tenemos que arrestarlo.

b. Aunque (enterarse) _ _ _ _ _ _ de lo ocurrido, no vendrá.

c. Aunque lo (saber) _ _ _ _ _ _ no nos lo diría.

d. Aunque (ella, salir) _ _ _ _ _ _ temprano de su casa, nunca llega puntual.

e. Tengo que ir aunque no (yo, querer) _ _ _ _ _ _.

f. Aunque me (ellos, obligar) _ _ _ _ _ _, no hablaré.

g. Tenía un piso pequeño y oscuro, aunque (ser) _ _ _ _ _ _ muy acogedor.

h. Aunque (yo, salir) _ _ _ _ _ _ a veces con él, no dice que yo sea su pareja.

i. Aunque (leer) _ _ _ _ _ _ mucho, tiene faltas de ortografía.

j. Aunque (él, llegar) _ _ _ _ _ _ tarde, tendremos tiempo para hablar.

k. Aunque (tú, ir)_ _ _ _ _ pronto a comprar los billetes, ya no habrá plazas.

l. Aunque (él, trabajar) _ _ _ _ _ _ mucho en el proyecto, no podrá realizarlo.

m. Aunque (hacer) _ _ _ _ _ _ mal tiempo, vamos.

n. Por mucho que me lo (tú, enseñar) _ _ _ _ _ _, no lo comprendo.

o. Aunque (ser) _ _ _ _ _ _ español, nunca he ido a los toros.

Lösung 123: a. sean b. vivan c. comas d. sea e. portes f. parezca g. haya h. tengas
i. vengas j. estés k. te diga l. tengas m. llegues n. sea o. emplees

Lösung 122: a. sea b. se entere c. supiera d. sale e. quiera f. obliguen
g. era h. salga/salgo i. lee j. llegará k. vayas l. trabaje/haya trabajado
m. hace/haga n. enseñes o. soy

123. ORACIONES CONCESIVAS Setzen Sie die passende Verbalform ein!

a. Por listos que (ser) _ _ _ _ _ _, no me engañarán.

b. Por lejos que (vivir) _ _ _ _ _ _, los encontraré.

c. Por poco que (comer) _ _ _ _ _ _, engordarás.

d. Por muy listo que (ser) _ _ _ _ _ _, siempre podrá cometer algún error.

e. Por muy bien que te (portar) _ _ _ _ _ _, no te lo agradecerán.

f. Por increíble que (parecer) _ _ _ _ _ _ nadie conoce la noticia.

g. Por mal que se (haber)_ _ _ _ _ _ portado Paco, no puedes dejar de hablarle.

h. Por mucho trabajo que (tener) _ _ _ _ _ _, no te debes agobiar.

i. Por tarde que (venir) _ _ _ _ _ _, te esperaré para cenar.

j. Por muy cansado (estar) _ _ _ _ _ _, tienes que seguir adelante.

k. Por mucho que (él, decirte) _ _ _ _ _ _, no debes prestarle atención.

l. Por mucha razón que (tener) _ _ _ _ _ _, no debes enfadarte de esa forma.

m. Por tarde que (llegar) _ _ _ _ _ _, te esperaremos levantados.

n. Por muy joven que (ella, ser) _ _ _ _ _ _, ya tiene arrugas en la cara.

o. Por más argumentos que (emplear) _ _ _ _ _ _, no me vas a convencer.

125. ORACIONES CONCESIVAS Wo ist die Infinitivkonstruktion möglich?

a. A pesar de que coma/_ _ _ _ _ _ _ _ _ _ mucho, no engorda.

b. A pesar de que hacía/_ _ _ _ _ _ _ _ un día precioso, nos metimos en el cine.

c. Tengo que intentarlo a riesgo de que no consiga/_ _ _ _ _ _ _ _ _ _ nada.

d. A riesgo de que se rían/_ _ _ _ _ de nosotros, tenemos que cantar en público.

e. Saldremos a pesar de que hace/_ _ _ _ _ _ _ _ _ _ frío.

f. A pesar de que haya llegado/_ _ _ _ _ _ _ _ _ _ tarde, pudo entrar.

g. A pesar de que no te haya felicitado/_ _ _ _ _ _ no debes incomodarte con él.

h. A pesar de que estoy/_ _ _ _ _ _ _ _ _ muy lejos de ti, no te echo de menos.

i. Pese a que está/_ _ _ _ _ _ _ _ _ _ muy enfermo, sigue trabajando.

j. A pesar de que hay/_ _ _ _ _ _ _ _ _ crisis, la gente se ha propuesto ser feliz.

k. Pese a que nos quedamos/_ _ _ _ _ _ _ sin bebidas, seguimos celebrando la fiesta.

l. A pesar de que no dijo/_ _ _ _ _ _ _ _ ni una palabra, se notaba que estaba molesto.

m. A pesar de que tenía/_ _ _ _ _ _ mala fama, la bodega estaba siempre llena.

n. A pesar de que sea/_ _ _ _ _ _ _ _ _ _ el primero, no es el más inteligente.

o. A pesar de que él es/_ _ _ _ _ _ _ _ _ _ el primero, los otros no le envidian.

126. ORACIONES CAUSALES Machen Sie aus zwei Sätzen einen!

a. Tenía mucho trabajo. No pudo atendernos debidamente.

_ _ _ _ _ _ _ _ _ _ _ _ _ _ _ no pudo atendernos debidamente.

b. Lloró muchísimo. Se le pusieron los ojos rojos.

_ _ _ _ _ _ _ _ _ _ _ _ _ _ _ e le pusieron los ojos rojos.

c. Corrió muchos kilómetros. Terminó agotado.

_ _ _ _ _ _ _ _ _ _ _ _ _ _ terminó agotado.

d. Bebieron mucho vino. Todos terminaron borrachos.

_ _ _ _ _ _ _ _ _ _ _ _ _ _ _ todos terminaron borrachos.

e. Nos regaló muchísimas cosas. Quedamos encantados.

_ _ _ _ _ _ _ _ _ _ _ _ _ _ _ quedamos encantados.

f. Sudó muchísimo. Se quedó deshidratado.

_ _ _ _ _ _ _ _ _ _ _ _ _ _ se quedó deshitratado.

g. No pudimos salir en todo el día de casa. Había muchísimo frío.

No pudimos salir en todo el día de casa _ _ _ _ _ _ _ _ _ _ _ _ _ _ _ _.

128. ¿INDICATIVO O SUBJUNTIVO? Wählen Sie den richtigen Modus!

a. Hasta que _ _ _ _ _ _ (poder) volver a su casa sin peligro vivirán aquí.

b. Si me _ _ _ _ _ _ (llamar) por teléfono, dile que no estoy.

c. En caso de que _ _ _ _ _ _ (llover) esta tarde, no salgo.

d. Actúa como si _ _ _ _ _ _ (ser) rico.

e. Hasta que no _ _ _ _ _ _ (saber) lo ocurrido, no se atrevió a intervenir.

f. Hasta que no _ _ _ _ _ _ (tú, venir), no me moveré de casa.

g. Cuando _ _ _ _ _ _ (ir) de compras, me gastaré mucho dinero.

h. Cuando _ _ _ _ _ _ (hacer) gimnasia, estaba en plena forma.

i. Esperé hasta que _ _ _ _ _ _ (venir) Juan.

j. Cuando _ _ _ _ _ _ (llegar), habrá alguien esperándote.

k. Siempre que _ _ _ _ _ _ (estudiar), me duele la cabeza.

l. Siempre que _ _ _ _ _ _ (cruzar) la calle, ten cuidado.

m. Cada vez que te _ _ _ _ _ _ (pedir) dinero, niégaselo.

n. Cada vez que le_ _ _ _ _ (contar) mis problemas en el trabajo, se burla de mí.

o. Siempre que _ _ _ _ _ _ (necesitar) ayuda, cuenta conmigo.

Lösung 129: a. 3 b. 4 c. 6 d. 5 e. 7 f. 2 g. 1

129. ¿SUBJUNTIVO O NO? Wählen Sie den passenden Hauptsatz!

a. *Cada vez que venga a visitarnos,*

b. *Siempre que viaja en avión,*

c. *Cada vez que habla con su amigo de política,*

d. *Siempre que escribe,*

e. *Cuando terminé de leer la novela,*

f. *Cuando vaya al mercado,*

g. *Siempre que tengas problemas,*

1. *... te ayudaré a resolverlos.*

2. *... compraré fruta y verdura.*

3. *... será bien recibido.*

4. *... siente miedo.*

5. *... me manda una foto de sus hijos.*

6. *... terminaron enfadándose.*

7. *... comprendí mejor las ideas del autor.*

Lösung 130: a. hubiera hecho/hiciera b. hubiera venido/viniera c. vuelvan
d. nieve/nevara e. tengáis f. hubiera atrevido g. hubiera conocido/conociera
h. aciertes i. bendiga j. pudiera k. llueva l. parta m. vea n. sea o. sequen/secaran

131. ¿INDICATIVO O SUBJUNTIVO? Wählen Sie die richtige Verbform!

a. No es que me (caer) _ _ _ _ _ mal él; es que (ser) _ _ _ _ _ tonto.

b. No es que me (herir) _ _ _ _ _ yo; es que (sangrar) _ _ _ _ _ de la nariz.

c. No es que el chico no lo (saber) _ _ _ _; es que (tener) _ _ _ _ mala memoria.

d. Está bien que tú (dejar) _ _ _ _ _ el recado en la portería.

e. Es de su responsabilidad que los aviones (salir) _ _ _ _ _ a tiempo.

f. No era de su gusto que el chico se (portar) _ _ _ _ _ tan cerril.

g. Sucedió que la torre se (caer) _ _ _ _ _ anoche.

h. Puede que (haber) _ _ _ _ _ tormenta esta tarde.

i. He oído que te (casar) _ _ _ _ _ en mayo próximo.

j. Nadie ha oído que (ocurrir) _ _ _ _ _ ese accidente.

k. Veo que te (comprar) _ _ _ _ _ un coche nuevo.

l. Sabía que tú (visitar) _ _ _ Madrid; pero no sabía que (visitar) _ _ _ _ _ París.

m. Hemos pensado que lo (hacer) _ _ _ _ _ vosotros. Es mejor.

n. No entiendo que (ser) _ _ _ _ _ tan tonto como eres.

o. Respondió que nunca lo (dudar) _ _ _ _ _.

132. PONER EN INFINITIVO Ersetzen Sie durch eine Infinitivkonstruktion!

a. Después que perdamos el honor, no nos haremos el harakiri.

_ _ _ _ _ _ _ _ _ _ _ _ _ _ _ el honor, no nos haremos el harakiri.

b. A riesgo de que los cogieran, cruzaron la frontera.

_ _ _ _ _ _ _ _ _ _ _ _ _ _ _ cruzaron la frontera.

c. Vengo para que pueda darte un abrazo.

Vengo _ _ _ _ _ _ _ _ _ _ _ _ _ _ _ darte un abrazo.

d. Pese a que había niebla, condujo toda la noche.

_ _ _ _ _ _ _ _ _ _ _ _ _ _ _ niebla condujo toda la noche.

e. Antes que se lo dijéramos, lo había adivinado.

_ _ _ _ _ _ _ _ _ _ _ _ _ _ _ lo había adivinado.

f. Se quedó en la cama porque tenía gripe.

Se quedó en la cama _ _ _ _ _ _ _ _ _ _ _ _ _ _ _ gripe.

g. A pesar de que sabía el peligro, se aventuró.

_ _ _ _ _ _ _ _ _ _ _ _ _ _ _ el peligro se aventuró.

Lösung 133: a. puede b. podría c. podía d. iba a llevar e. iba a traer f. espere
g. han comprado h. había comprado

Lösung 132: a. después de perder b. a riesgo de ser cogidos c. para poder
d. pese a haber e. antes de decírselo f. por tener g. a pesar de saber

133. ¿EL ESTILO INDIRECTO? Markieren Sie die richtige Form der indirekten Rede!

a. *Puede llevarle*, (ha dicho Antonio).

   Antonio ha dicho que **puede/podía** llevarme.

b. *Podré llevarle a la ciudad*, (dice la madre).

   La madre dice que **podría/pudo** llevarle a la ciudad.

c. *Puedo acompañarla a casa*, (dijo Ramón).

   Ramón dijo que **puede/podía** acompañarla a casa.

d. *Os voy a llevar a la discoteca*, (dijo el padre).

   El padre dijo que nos **iba a llevar/va a llevar** a la discoteca.

e. *¿Los ibas a traer?*, (preguntó la madre al padre).

   La madre le preguntó al padre si nos **va a traer/iba a traer**.

f. *¡Espérame!*, (dice Matilde).

   Matilde dice que la **espere/esperé**.

g. *Hemos comprado un coche*, (dicen Carmen y Carola).

   Carmen y Carola dicen que **compraran/han comprado** un coche.

h. *Me compré tambien un coche*, (dijo Raúl).

   Raúl dijo que él tambien se **compró/había comprado** un coche.

135. EL ESTILO INDIRECTO Bilden Sie die indirekte Rede aus der direkten Rede!

a. *Voy a llegar a las siete (dice Martín).*

_____.

b. *Estoy enferma (contesta Elena).*

_____.

c. *Todavia no se ha fijado una fecha exacta (dijo Eladio).*

_____.

d. *El dique ha resistido (dijo un portavoz).*

_____.

e. *¡No hay quien lo resista! (gritó el padre).*

_____.

f. *El hombre está herido (confirma el médico).*

_____.

g. *Ramón tiene razón (respondí la madre).*

_____.

4. ¡EL ARTÍCULO! Wo fehlt der Artikel?

a. Su cuarta obra ganó un premio en _ _los_ _ Estados Unidos.
b. Mis amigos salen de _ _ _ _ _ vacaciones.
c. Se marchó de _ _ casa muy joven dispuesta a ganarse _ la_ vida.
d. Enrique habla perfectamente _ _ _ _ _ portugués.
e. Ahora deseo ver _ _la_ _ _ tele.
f. Las cigüeñas vuelven a Alemania en _ _ _ _ _ _ primavera.
g. Tenemos que escribir la carta a _ _ _ _ _ máquina.
h. Mi esposa quiere viajar en _ _ _ _ _ primera clase.
i. Ramón perdió _ _las_ _ llaves.
j. Hoy tengo que dar _ _ _ _ _ enhorabuena a mi mujer.
k. En _ _ _ _ _ _ mayo tengo mis vacaciones.
l. Angelika quiere aprender _ _el_ _ _ español.
m. Ahora necesito _ _ el_ _ _ agua fria.
n. En _ _ _ _ _ caso de necesidad tengo tu número de teléfono.
o. ¿Te encanta viajar en _ _ _ _ _ coche?

Lösung 5: a. el b. lo, lo c. el d. el e. lo f. al g. el h. lo i. el j. el k. el
l. lo, lo m. el n. el o. lo

10. ¿PRONOMBRE O ADJETIVO POSESIVO? Setzen Sie richtig ein!

a. **Seine** Familie ist hier, aber **meine** nicht.

_ _ _ _ _ _ familia está aquí, pero la _ _ _ _ _ _ _ no.

b. Eduardo nennt die Dinge **beim** Namen.

Eduardo llama a las cosas por _ _ _ _ _ _ _ nombre.

c. Dieses Auto muss wohl **seine** drei Millonen Peseten kosten.

Ese coche debe de costar _ _ _ _ _ _ _ tres millones de pesetas.

d. **Dein** Auto ist nicht fertig.

El coche _ _ _ _ _ _ _ no está preparado.

e. Gehört **Ihnen** der Hund da? Nein er gehört **mir** nicht.

¿Es _ _ _ _ _ _ _ ese perro? -Si, si es _ _ _ _ _ _ _ .

f. Gehört **Ihnen** die Tasche hier? Ja, sie gehört **mir**.

¿Es _ _ _ _ _ _ _ esa bolsa? -Si, si es _ _ _ _ _ _ _ .

g. Welchen Fernseher verkaufen wir? **Deinen** oder **meinen**?

¿Qué televisor vendemos? El _ _ _ _ _ _ o el _ _ _ _ _ _ ?

h. Es ist beneidenswert zu sehen, wie gut du dich mit **deinen Angehörigen** verstehst.

Es envidiable ver lo bien que te llevas con los _ _ _ _ _ _ _ .

Lösung 11: a. 3 b. 2 c. 1 d. 3 e. 2 f. 1

16. ¿QUIEN, QUE, DONDE? Markieren Sie Sätze mit dem richtigen Relativpronomen!

a. Das ist Raúl, der gewonnen hat.
1. ✗ Este es Raúl que ha ganado.
2. ○ Este es Raúl quien ha ganado.
3. ○ Este es Raúl donde ha ganado.

b. Es ist José, den ich gesehen habe.
1. ○ Es José que he visto.
2. ○ Es José donde he visto.
3. ✗ Es José a quien he visto.

c. Es ist das Dorf, wo er lebt.
1. ○ Es el pueblo quien vive.
2. ✗ Es el pueblo donde vive.
3. ○ Es el pueblo que vive.

d. Es ist Juan, von dem ich dir erzählte.
1. ✗ Es Juan de quien te hablé.
2. ○ Es Juan de donde te hablé.
3. ○ Es Juan de que te hablé.

e. Es ist sein Auto, das da kommt.
1. ○ Es su coche donde vine ahí.
2. ○ Es su coche quien viene ahí.
3. ✗ Es su coche que viene ahí.

f. Ich war da, wo ich immer bin.
1. ○ Estuve de que estoy siempre.
2. ✗ Estuve donde estoy siempre.
3. ○ Estuve de quien es siempre.

Lösung 17: a. lo que b. lo que c. lo cual d. el cual e. los que
f. los que g. que h. donde

22. ¿LOS INDEFINIDOS? Setzen Sie das richtige Indefinitpronomen ein!

a. Quieres _ _ _ _ _ _ _ _ de comer?

b. _ _ _ _ _ _ _ _ es inútil.

c. ¿Ha llamado _ _ _ _ _ _ _ _ ?

d. _ _ _ _ _ _ _ _ lo sabe.

e. Lo puede hacer _ _ _ _ _ _ _ _ .

f. Entraron tres _ _ _ _ _ _ _ _ en el bar.

g. _ _ _ _ _ _ _ _ hablan español.

h. No entiendo _ _ _ _ _ _ _ _ de estas cosas.

i. _ _ _ _ _ _ _ _ saben bailar como Carmen.

j. _ _ _ _ _ _ _ _ de mis amigos podrán venir.

k. Que lo haga _ _ _ _ _ _ _ _ .

l. Mi hermana come _ _ _ _ _ _ _ _ .

m. Por lo _ _ _ _ _ _ _ _ estoy contento.

n. _ _ _ _ _ _ _ _ es hermoso en este paisaje.

o. Tenemos muchos sellos, _ _ _ _ _ _ _ _ son de color.

etwas
nichts
jemand
niemand
jeder
soundso
viele
viel
wenige
wenige
weitere/andere
zu viel
übrigen
alles
einige

Lösung 23: a. 1 b. 3 c. 2 d. 1 e. 3 f. 2

34. ¡EL INFINITIVO! Richtige Satzkonstruktionen mit Infinitiv markieren!

a. _____ Es ist zum Verrücktwerden.

1. ◡ Opta por volverse loco.
2. ◡ Es por volverse loco.
3. ◡ Es para volverse loco.

b. _____ Sie träumt, eine Reise zu machen.

1. ◡ Sueña con hacer un vieje.
2. ◡ Sueña de hacer un viaje.
3. ◡ Sueña en hacer un viaje.

c. _____ Das muss noch erledigt werden.

1. ◡ Esto está todavia para hacer.
2. ◡ Esto está todavia por hacer.
3. ◡ Esto está todavia en hacer.

d. _____ Helene ist im Begriff abzureisen.

1. ◡ Elena está por marcharse.
2. ◡ Elena está para marcharse.
3. ◡ Elena está en marcharse.

e. _____ Johann zögerte mit der Antwort.

1. ◡ Juan tardó en contestar.
2. ◡ Juan tardó por contestar.
3. ◡ Juan tardó de contestar.

f. _____ Peter müsste mehr verdienen.

1. ◡ Pedro va a ganar más.
2. ◡ Pedro debería en ganar más.
3. ◡ Pedro debería de ganar más.

Lösung 35: a. 3 b. 1 c. 2 d. 3 e. 1 f. 2

40. ¡EL GERUNDIO! Setzen Sie die richtige Konstruktion mit Gerundium ein!

a. Ich sah gerade fern, als Heinrich ankam.

_ _ _ _ _ _ _ _ _ _ la televisión, cuando llegó Enrique.

estar

b. Leonore arbeitet zurzeit in einem Krankenhaus.

Leonor _ _ _ _ _ _ _ _ _ _ en un hospital.

estar

c. Gustav und Joseph suchen noch immer Arbeit.

Gustavo y José _ _ _ _ _ _ _ _ _ _ empleo.

seguir

d. Felix arbeitet noch in derselben Fabrik.

Félix _ _ _ _ _ _ _ _ _ _ en la misma fábrica.

continuar

e. Albert hat schon immer gesagt, dass es unmöglich ist.

Alberto _ _ _ _ _ _ _ _ _ _ que es imposible.

venir

f. Zuerst sagte er, dass er über den Willkommensgruß sehr erfreut sei.

_ _ _ _ _ _ que estaba muy contento de la bienvenida.

empezar

g. Am Ende wird Michael doch noch tun, was sie sagt.

Miguel _ _ _ _ _ _ _ _ _ _ lo que ella diga.

acabar

Lösung 41: a. prescindiendo del hecho de que b. suponiendo que tenga...
c. considerando que d. volviendo a lo de tu amigo e. pensándolo bien
f. ¿Cómo está Vd.? Voy tirando. g. ¿Vd. va andando?

a. Mein Vater gab sich gestern geschlagen.
   Mi padre se _ _ _ _ _ _ _ _ _ _ _ _ ayer.

dar por

b. Dieser Mann macht sie ziemlich fertig.
   Ese hombre la _ _ _ _ _ _ _ _ _ _ _ _ .

traer

c. Gestern ließ Alfons das Essen anbrennen.
   Ayer Alfonso se _ _ _ _ _ _ _ _ _ _ _ la comida.

dejar

d. Alfred ist sehr erfreut über das, was da geschieht.
   Alfredo _ _ _ muy _ _ _ _ _ _ _por lo que pasa allí.

ir

e. Albert ist in letzter Zeit sehr zerstreut.
   Alberto _ _ _ _ muy _ _ _ _ _ _ _en los últimos tiempos.

andar

f. Der Verein gibt sich mit dem Ergebnis zufrieden.
   El club se _ _ _ _ _ _ _ _ _ _ _ _ con el resultado.

dar por

g. Plötzlich blieb Agnes stehen.
   De repente Inés se _ _ _ _ _ _ _ _ _ _ _ _ .

quedar

Lösung 47: a. doy por descontada b. quedan callados c. lleva arreglados
d. dejado olvidado e. trae convencido f. dan por satisfechos g. traen escrita

52. ¡El Imperativo! Aus diesen Sätzen den spanischen Imperativ bilden!

a. Geben wir ihnen Geld! ----------------------------→
b. Gehen wir an den Strand! ------------------------→
c. Machen Sie es! ----------------------------------→
d. Mach es! --→
e. Ihr geht jetzt! ------------------------------------→
f. Geht weg! --→
g. Wascht euch! -------------------------------------→
h. Setz dich! --→
i. Setzen Sie (Pl.) sich! ----------------------------→
j. Öffne das Fenster! -------------------------------→
k. Öffnen Sie es! ----------------------------------→
l. Öffnen Sie es nicht! -----------------------------→
m. Schreibt mir einen Brief! ------------------------→
n. Ihr sollt mir nicht schreiben. --------------------→
o. Schreib mir! -------------------------------------→

Lösung 53: a. ¡No hagas tu vida más fácil! b. ¡No nos despidamos! c. ¡No necesites una etiqueta!
d. ¡No me lo hagáis! e. ¡No viva la novia! f. ¡No lo hagamos! g. ¡No levante el pie de su pareja! h. ¡No nos sentemos! i. ¡No sujete el pie con una mano! j. ¡No nos levantemos! k. ¡No haga los siguientes movimientos!
l. ¡No me lo diga! m. ¡No friccione toda la planta! n. ¡No te lo tomes! o. ¡No aumente la presión!

58. ¡EL IMPERATIVO! Setzen Sie das Verb in der richtigen Imperativform ein!

a. Der Kommissar sagt: „Kommen Sie morgen wieder!"

   El comisario dice: "¡_ _ _ _ _ _ _ _ _ Vd. mañana!"

b. Ich befahl einem Kollegen: „Bring du das Paket zur Post!"

   Mandé a un colega: "¡_ _ _ _ _ _ _ _ tú el paquete postal a Correos!"

c. Der Vater rief: „Anton, bring mir den Hammer!"

   El padre gritó: "¡Antonio, _ _ _ _ _ _ _ _ _ el martillo!"

d. Er sagte ihr: „Komm heute früh nach Hause zurück!"

   Le dijo: "¡_ _ _ _ _ _ _ _ hoy pronto a casa!"

e. Warnen Sie die Leute diesmal rechtzeitig!

   ¡_ _ _ _ _ _ _ _ _ la gente esta vez a tiempo!

f. Das nächste Mal holen Sie das Geld rechtzeitig ab!

   ¡La proxima vez _ _ _ _ _ _ _ _ _ Vd. el dinero a tiempo!

g. Der Mann sagte: „Gehen Sie immer geradeaus!"

   El hombre dijo: "¡_ _ _ _ _ _ _ _ _ derecho!"

Lösung 59: a. devuelva b. cierra c. deja d. cállate e. te acuestes
f. baje g. siéntese, apuntemelo

70. ¡El Perfecto Compuesto! Markieren Sie den Satz im Perfekt!

a, Heute kaufte er sich ein Motorrad.

1. ⌣ Hoy se compró un moto.
2. ⌣ Hoy se ha comprado un moto.
3. ⌣ Hoy se había comprado un moto.

b, Wir sind schnell aber gut gefahren.

1. ⌣ Hemos ido rápido, pero bien.
2. ⌣ Fuimos rápido, pero bien.
3. ⌣ Hemos sido rápido, pero bien.

c, Er hat seine Denkweise geändert.

1. ⌣ Había cambiado de mentalidad.
2. ⌣ Cambió de mentalidad.
3. ⌣ Ha cambiado de mentalidad.

d, Alle wollten heute Punkte machen.

1. ⌣ Todos quisieran sacar punta hoy.
2. ⌣ Todos han querido sacar punta hoy.
3. ⌣ Todos quiso sacar punta hoy.

e, Er hat vorhin gestohlen.

1. ⌣ Robó hace un rato.
2. ⌣ Había robado hace un rato.
3. ⌣ Ha robado hace un rato.

f, Alles ist nicht perfekt gelaufen.

1. ⌣ Todo no ha ido perfecto.
2. ⌣ Todo no fue perfecto.
3. ⌣ Todo no hubo ido perfecto.

Lösung 71: a. Luis se ha propuesto estudiar por medio año. b. Roldán intentó llamarla por teléfono porque quería invitarla. c. ¿Te has olvidado de prestarme el cuaderno? d. Ayer con ese calor hiciste bien en quedarte en casa. e. Enrique y Sandra estaban muy nerviosos, pero llegaron todavía a tiempo. f. Todavía tuvieron tiempo para comprar regalos. g. Pero no compraron tanto.

76. ¡EL CONDICIONAL! Übersetzen Sie in den Konditional des Spanischen!

a. Wieviel Geld verdient Federico wohl?

_____

b. Von wo sind Elena und Miguel wohl?

_____

c. Wo werden die Eltern wohl um diese Zeit sein?

_____

d. Es mag halb drei sein.

_____

e. Raúl versprach, dass er es schnell reparieren würde.

_____

f. Ich sagte, dass ich sofort kommen würde.

_____

g. Die Bücher könnte ich zu Hause lesen.

_____

Lösung 77: a. Ahora podría realmente jugar al futbol. b. El padre dijo a su hijo: "Deberías estudiar más." c. ¿Quién sería? d. Tendría entonces cuarenta años. e. Si le viera, se lo diría. f. ¿Quién habría sido? g. Con este tiempo debería ir a nadar.

82. ¿FORMAS COMPUESTAS? Markieren Sie die richtigen Sätze!

a.   Er hätte das Bild gekauft.
1. ⌣ Había comprado el cuadro.
2. ⌣ Habría comprado el cuadro.
3. ⌣ Habrá comprado el cuadro.

b.   Er wird es wohl gemacht haben.
1. ⌣ Lo habrá hecho.
2. ⌣ Lo habré hecho.
3. ⌣ Lo habréis hecho.

c.   Sie wird den Zug versäumt haben.
1. ⌣ Habrás perdido el tren.
2. ⌣ Habrán perdido el tren.
3. ⌣ Habrá perdido el tren.

d.   Wir werden schon abgereist sein.
1. ⌣ Ya habrán partido.
2. ⌣ Ya habremos partido.
3. ⌣ Ya habré partido.

e.   Sie sind wohl schon angekommen.
1. ⌣ Ya habrán llegado.
2. ⌣ Ya habréis llegado.
3. ⌣ Ya habrá llegado.

f.   Paco wird die Arbeit beendet haben.
1. ⌣ Paco había terminado el trabajo.
2. ⌣ Paco habrás terminado el trabajo.
3. ⌣ Paco habrá terminado el trabajo.

Lösung 83: a. 3 b. 1 c. 2 d. 3 e. 1 f. 2

a. *Die Eltern werden von ihren Kindern geliebt.*

   Los padres _ _ _ _ _ _ _ _ _ _ por sus hijos.

b. *Der Schaden am Auto wurde von Ernst entdeckt.*

   El daño en el coche _ _ _ _ _ _ _ _ _ por Ernesto.

c. *Sandra wurde von ihrem Mann begleitet.*

   Sandra _ _ _ _ _ _ _ _ _ _ de su marido.

d. *Der Professor wird von allen Studenten geschätzt.*

   El catedrático _ _ _ _ _ _ _ _ _ _ de todos estudiantes.

e. *Der Matador wurde von dem Stier getötet.*

   El matador _ _ _ _ _ _ _ _ _ _ por el toro.

f. *Ich bin vom portugiesischen Botschafter eingeladen worden.*

   He _ _ _ _ _ _ _ _ _ _ por el embajador portugués.

g. *Ich war von meinen Freunden eingeladen worden.*

   Yo _ _ _ _ _ _ _ _ _ _ por mis amigos.

Lösung 89: a. está conectado b. quedaron impresionados c. están extiendos
d. estaban reparados e. está vendida f. fue destruida g. estaba pagada

a. *Gustavo se acuerda _ _ _ _ _ _ _ las vacaciones.*

b. *Nos alegramos _ _ _ _ _ _ _ los regalos.*

c. *Sandra sueña _ _ _ _ _ _ _ la fiesta.*

d. *El armario consta _ _ _ _ _ _ _ madera.*

e. *Pregunté _ _ _ _ _ _ _ tu estado de salud.*

f. *Esta tarde prefiero quedarme _ _ _ _ _ _ _ casa.*

g. *Acertamos _ _ _ _ _ _ _ la calle.*

h. *Por fin me he decidido _ _ _ _ _ _ _ terminar la discusión.*

i. *¿Qué hacer _ _ _ _ _ _ _ la guerra?*

j. *Las madres luchan _ _ _ _ _ _ _ la desesperación.*

k. *Gustavo y Adolfo llegan _ _ _ _ _ _ _ el tren.*

l. *Trabajo en esta empresa _ _ _ _ _ _ _ veinte años.*

m. *María se halla _ _ _ _ _ _ _ dos hombres.*

n. *Isabel y María van _ _ _ _ _ _ _ la ciudad.*

o. *Salimos _ _ _ _ _ _ _ Salamanca.*

Lösung 95: a. sobre b. contra c. para d. a, entre e. ante f. a, tras g. para h. hasta
i. con, contra j. tras k. a, para l. en, contra, por m. tras, para n. a, con o. de

a. *Die Frau hat zwei Söhne und eine Tochter.*
   La mujer tiene _ _ _ _ _ _ _ _ _ _ y _ _ _ _ _ _ _ _ _ .

b. *Das Unternehmen sucht einen Angestellten (irgendeinen).*
   La empresa busca _ _ _ _ _ _ _ _ _ _ .

c. *Die Partei erwartet jeden Augenblick das Wahlergebnis.*
   El partido está esperando _ _ _ _ _ _ _ _ _ _ de las elecciones.

d. *Das Unternehmen sucht einen Angestellten (mit besonderer Qualifikation).*
   La empresa busca _ _ _ _ _ _ _ _ _ _ .

e. *José Luis hat zwei Brüder und zwei Schwestern.*
   José Luis tiene _ _ _ _ _ _ _ _ _ _ y _ _ _ _ _ _ _ _ _ _ .

f. *Die Spanier lieben Spanien.*
   Los españoles quieren _ _ _ _ _ _ _ _ _ _ .

g. *Juan Ramón und Elena rufen einen anderen Arzt an.*
   Juan Ramón y Elena llaman _ _ _ _ _ _ _ _ _ _ .

Lösung 107: a. no sólo..sino tambien b. no, ni c. tanto...como d. tampoco e. ni...ni
f. o g. parte...parte h. bien...bien i. o...o j. ya...ya k. no obstante
l. pero m. todavía n. ahora...ahora o. pues

112. LAS CONJUNCIONES Indikativ oder Konjunktiv? Markieren Sie!

a, *Falls du keine Lust hast, sag es mir.*

1, ⌣ *Si estés sin ganas, dimelo.*
2, ⌣ *Si estás sin ganas, dimelo.*
3, ⌣ *Si estarás sin ganas, dimelo.*

b, *Wie er sagt, ist er krank.*

1, ⌣ *Según lo que diga, está enfermo.*
2, ⌣ *Según lo que dirá, está enfermo.*
3, ⌣ *Según lo que dice, está enfermo.*

c, *Wenn schönes Wetter ist, gehen wir.*

1, ⌣ *Si hace buen tiempo, vamos.*
2, ⌣ *Si haga buen tiempo, vamos.*
3, ⌣ *Si hará buen tiempo, vamos.*

d, *Falls es regnet, bleiben wir.*

1, ⌣ *En caso de que llueva, quedamos.*
2, ⌣ *En caso de que llueve, quedamos.*
3, ⌣ *En caso de que lloverá, quedamos.*

e, *Ich helfe euch, sofern ich Geld habe.*

1, ⌣ *Os ayudo siempre que tengo dinero.*
2, ⌣ *Os ayudo siempre que tenga dinero.*
3, ⌣ *Os ayudo siempre que tendré dinero.*

f, *Sobald er geht, rufe ich dich an.*

1, ⌣ *En cuanto se va, te llamaré.*
2, ⌣ *En cuanto se irá, te llamaré.*
3, ⌣ *En cuanto se vaya, te llamaré.*

Lösung 113: a. estoy b. comprenda c. hace d. estoy e. tengo f. ayude g. pueda h. es
i. va j. tengas k. está l. tenga m. tengo que n. pude o. tenga

118. ¡CONJUNCIONES QUE RIGEN SUBJUNTIVO! Setzen Sie ein!

a. Hizo Juan la comida, para que su madre no (trabajar) _ _ _ _ _ _ tanto.

b. Yo me levantaré, a fin de que tú _ _ _ _ _ _ (poder) dormir algo más.

c. Podréis ir de excursión siempre que no _ _ _ _ _ _ (llover).

d. Como quiera que _ _ _ _ _ _ (haber) sido, en este caso usted no tiene razón.

e. Contó el accidente como si _ _ _ _ _ _ (haber) sucedido ayer mismo.

f. Murió sola, sin que nadie le _ _ _ _ _ _ (dirigir) una palabra de consuelo.

g. No pienses en salir, como no _ _ _ _ _ _ (terminar) las tareas escolares.

h. Me mira como si no me _ _ _ _ _ _ (conocer).

i. No puedo hablar sin que me _ _ _ _ _ _ (interrumpir).

j. Te dejé mis discos con tal que me los _ _ _ _ _ _ (devolver).

k. Te podrás quedar con nosotros siempre que te _ _ _ _ _ _ (callar).

l. El que lo _ _ _ _ _ _ (saber) él me extraña mucho.

m. El que _ _ _ _ _ _ (estar) cansado no impide que hagas un esfuerzo.

n. Con que me _ _ _ _ _ _ (ayudar) al principio, sabré terminar el trabajo solo.

o. Sin que nadie _ _ _ _ _ _ (darse) cuenta, entró de puntillas una enfermera.

Lösung 119: a. paguen b. pinche c. vea d. sea e. digas f. explique g. arregle h. crucen i. cruzaran j. crezcan k. leas l. conocieran m. devuelvas n. puedas o. acompañara

a. A pesar de que estoy muy lejos de ti, no te echo de menos.

_ _ _ _ _ _ _ _ _ _ _ _ _ _ _ muy lejos de ti, no te echo de menos.

b. A pesar de que hay una gran diferencia de edad, se llevan muy bien.

_ _ _ _ _ _ _ _ _ _ _ _ _ _ _ una gran diferencia de edad, se llevan muy bien.

c. No te dejaré mis cintas, a pesar de que sé que las necesitas.

No te dejaré mis cintas, _ _ _ _ _ _ _ _ _ _ _ _ _ _ _ que las necesitas.

d. No la ayudó a pesar de que había recibido muchos favores de ella.

No la ayudó _ _ _ _ _ _ _ _ _ _ _ _ _ _ _ muchos favores de ella.

e. A riesgo de que quede como un tonto, voy a decirle que la necesito.

_ _ _ _ _ _ _ _ _ _ _ _ _ _ _ como un tonto, voy a decirle que la necesito.

f. A riesgo de que tenga que dejar mi cargo, no puedo seguir por ese camino.

_ _ _ _ _ _ _ _ _ _ _ _ _ _ _ que dejar mi cargo, no puedo seguir por ese camino.

g. A pesar de que tenía todo, no lo apreciaba.

_ _ _ _ _ _ _ _ _ _ _ _ _ _ _ todo, no lo apreciaba.

Lösung 125: a. a pesar de comer b. - c. a riesgo de no conseguir d. - e. -
f. a pesar de haber llegado g. - h. a pesar de estar i. a pesar de estar j. -
k. pese a quedarnos l. - m. - n. a pesar de ser o. -

130. ¡El Subjuntivo! Verwenden Sie den *subjuntivo*!

a. *Lo detesto. ¡Nunca lo (hacer)!*

b. *Todo me ha ido mal. ¡Jamás (venir) a este país!*

c. *¡Que (volver) ustedes con bien!*

d. *¡Ojalá (nevar) esta noche en el monte!*

e. *Hasta el lunes. ¡Que (tener) un buen fin de semana!*

f. *¡Si me (atrever) a decírtelo anoche!*

g. *Él me ha hecho mucho daño.¡Nunca lo (conocer)!*

h. *¡Ojalá que (acertar) en tu matrimonio!*

i. *¡Que Dios le (bendecir)!*

j. *¡Quién (poder) pasar las próximas vacaciones aquí!*

k. *¡Ojalá no nos (llover) mañana para la excursión!*

l. *¡Así le (partir) un rayo!*

m. *¡Nunca (ver) tu hijo en la cárcel!*

n. *Todas las oraciones acaban con ¡Así (ser)!*

o. *¡Así se (secar) todos los campos de Castilla!*

Lösung 131: a. caiga, es b. haya herido, sangré/sangro c. sepa, tiene d. dejes/dejaras
e. salgan f. portara g. cayó h. haya i. casas j. ocurriera k. compraste/has comprado
l. habías visitado, hubieras visitado m. hagáis n. seas o. dudó

137. EL ESTILO INDIRECTO In die indirekte Rede des Spanischen übersetzen!

a. Felix gesteht, dass er das Bild gefälscht hat.

_____.

b. Carola bemerkte, dass etwas nicht stimmte.

_____.

c. Rodrigo weiß, dass er etwas übersehen hat.

_____.

d. Thomas bezweifelt nicht, dass sie es ernst meint.

_____.

e. Christina sagt, dass sie beschäftigt sei.

_____.

f. Der Mann denkt, dass eine Frau es leicht habe.

_____.

g. Die Großeltern sagten immer, die Zeiten hätten sich geändert.

_____.

h. Ich fürchte, dass er sie nicht versteht.

_____.

138. EL ESTILO INDIRECTO Markieren Sie die richtige Form der indirekten Rede!

a. Roderich erzählte, er habe zwei Jahre in Deutschland gelebt.
   Rodrigo contó que **había vivido/haya vivido** dos años en Alemania.

b. Therese sagt, dass sie mit allem einverstanden sei.
   Teresa dice que **estaba/está** de acuerdo con todo.

c. Dietrich fügte hinzu, dass er auch mit allem einverstanden sei.
   Teodorico añadió que él también **esté/estaba** de acuerdo.

d. Helene schränkte ein, dass sie es sich noch überlegen müsse.
   Elena restringió que **tendría que/tenía que** reconsiderarlo.

e. Nur Franz verneint, dass er mit allem einverstanden sei.
   Sólo Francisco nega que **está/estaría** de acuerdo con todo.

f. Also beschließen sie, dass sie den Vertrag nicht unterschreiben werden.
   Pues resuelven que no **suscribirán/suscriben** el contrato.

g. Wilfried erzählte uns, dass er für 3 Monate nach Salamanca fahren werde.
   Wilfredo nos contó que **iba/iría** a Salamanca por tres meses.

h. Deine Frau wird dir sagen, dass du nicht rauchen sollst.
   Tu mujer te dirá que no **fumes/fumabas**.

Lösung 139: a. puede b. podría c. podía d. iba a llevar e. iba a traer f. espere
g. ha comprado h. había comprado i. compró j. esperara k. presto l. hacía
m. compraré n. apruebo o. estimo

139. ¿EL ESTILO INDIRECTO? Wählen Sie die richtige Verbform aus!

a. Antonio ha dicho que **puede/podía** llevarme.

b. La madre dice que **podría/pudo** llevarle a la ciudad.

c. Ramón dijo que **puede/podía** acompañarla a casa.

d. El padre dijo que nos **iba a llevar/va a llevar** a la discoteca.

e. La madre le preguntó al padre si nos **va a traer/iba a traer**.

f. Matilde dice que la **espere/esperé**.

g. Carmen dice que **comprara/ha comprado** un coche

h. Raúl dijo que él también **compró/había comprado** un coche.

i. Dolores ha dicho que lo **compró/comprarás** ayer.

j. Sandra dijo que la **espere/esperara** ahí.

k. Mi amigo me pregunta si le **presto/prestara** mi coche.

l. Cristina le preguntó si él se lo **hacía/hace**.

m. Pienso que me **compraba/compraré** el ordenador.

n. Me pregunto si **apruebo/aprobaba** el examen.

o. He dicho que lo **estimo/estimaba** oportuno.

140. EL ESTILO INDIRECTO Übersetzen Sie in die richtige Form der indirekten Rede!

a. Dolores ha dicho que lo _ _ _ _ _ _ _ (kaufte) ayer.

b. He dicho que me lo _ _ _ _ _ _ _ (kaufen werde) mañana.

c. Teresa concedió que no lo _ _ _ _ _ _ _ (kaufen könne).

d. Sandra dijo que la _ _ _ _ _ _ _ (erwarten solle) ahí.

e. Nos dijeron que los _ _ _ _ _ _ _ (erwarten sollen) a Felix y Ramón.

f. Tememos que _ _ _ _ _ _ _ (wiederkommen).

g. Mi amigo me pregunta si le _ _ _ _ _ _ (leihe) mi coche.

h. Cristina le preguntó si él se lo _ _ _ _ _ _ _ (mache) .

i. Francisco contesta que también lo _ _ _ _ _ _ _ (gemacht habe) para María.

j. Carola contó que _ _ _ _ _ _ _ (gekauft habe) el libro por diez marcos.

k. Pienso que me _ _ _ _ _ _ _ (kaufe) el ordenador.

l. Me pregunto si _ _ _ _ _ _ _ (bestehe) el examen.

m. Dicen que sólo 50% _ _ _ _ _ _ _ (bestanden haben) el examen.

n. He dicho que no lo _ _ _ _ _ _ _ (halte für) oportuno.

o. Raúl dijo que las computadoras ahora _ _ _ _ _ _ _ (sind) más baratas.

Lösung 140: a. compró b. compraré c. compraría d. esperara e. esperaran
f. vendrían otra vez g. presto h. haría i. ha hecho j. había comprado k. compraré
l. apruebo m. han aprobado n. estimo o. estaban